JN006904

やり抜く人の時間術

一流脳

脳内科医／医学博士
加藤俊徳

幻冬舎

The great secret of success is to go through life as a man who never gets used up.

成功の大いなる秘訣は、他人や状況に振り回されない人間になることだ。

Albert Schweitzer　アルベルト・シュヴァイツァー

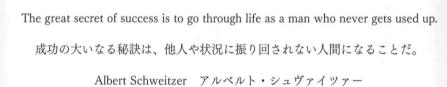

はじめに　一流の人は一流の脳を持っている

忙しくて、時間がないのに、何となく毎日ダラダラしてしまう。

1年があっという間に過ぎるのに、自分自身は何も成長実感がない。

転職や昇給を目指しているのに、勉強する時間をつくれない。

若いときよりモチベーションが下がり、頑張っても成果が頭打ちだ。

もしあなたの脳が「一流」なら、このようなコンディションには陥りません。

私は脳内科医として、胎児から104歳まで、すべての年齢の脳を1万人以上診てきました。

なかでも、**一流と呼ばれるアスリート、アーティスト、起業家の方たちの脳**

画像は、その道を極めるために必要な脳の神経細胞同士のネットワークが著しく発達していて、非常に個性的です。

生まれたとき、脳に準備されている発達の仕組みは誰もが同じなのですが、人それぞれの脳は年齢を重ねるほど異なった成長を示し、人によって異なる新しい物事を面白がります。

面白いことにならなら、脳は集中力を凄まじく発揮します。そうやって新しいチャレンジの対象を見出し、それに打ち込み、脳の働きを活性化させ続けられた人だけが、「一流」の脳を獲得できるのです。

あなたの脳をユニークな「一流脳」に変えるには、自身の脳における仕事の専門領域を強化し、限られた時間を有効にコントロールしなければいけません。

1日はたったの24時間、1年は約52週です。

学生時代なら与えられた問題を解き、答えを暗記し、偏差値や試験の点数が高ければ「優秀」とされましたが、ビジネスにおいては、自分自身でゴールを設定し、戦略を立て、やり抜く人だけが「一流」とされます。

一流のビジネスパーソンは、「何のためにこの時間を使うのか」を考えて、時間管理を徹底しています。あなたが「一流」を目指したいなら、まずは、目的を明確にした時間の使い方に変えること。

脳科学の視点でいえば、いつもブレない姿勢で、同じことを真面目に一生懸命に続けている人ほど、時間の使い方で損をしています。ワンパターンの仕事や同じアウトプットの繰り返しは、リスクも少なく効率的で楽でしょうが、その一方で、脳の応用力が削ぎ落とされ、脳は確実にマンネリ化し、衰え、思考も鈍ります。

たとえば、「面倒くさい」という感情は脳に余裕があるときに発生し、「集中力が続かない」「やる気が出ない」のはモチベーションのせいではなく、同じ脳のルートばかりを使っているからにすぎません。脳の特徴や取扱い方を正しく理解するだけで、無駄な時間を省けて、効率的な努力が可能です。

本書では**脳の仕組みを活用した自己管理と目標達成の戦術をお伝えするとともに、一流脳の基本となる「記憶力」「思考力」「集中力」「発想力」を成長させられるノウハウ**をご紹介します。

1章は一流の人の脳の仕組みを説明し、脳のどこを変えれば一流脳になれるのかについて考えます。

2章は脳の仕組みを生かした、目標の立て方と達成までのアプローチについて説明します。

3章は1日の戦略的な過ごし方と脳にとってベストな休み方を学べます。

4章は挫折や失敗、スランプについて。一流の人はメンタルが強いといわれますが、これも脳の問題だとはっきりするでしょう。

5章は脳を成長させ続けるために一生使えるトレーニング方法をまとめまし

た。

特に、仕事にスピードと正確さが求められる20代は2章で、仕事の「質」とマネージメント力を高めたい30~40代は3章で、事業規模の拡大や組織改革を担う経営層は4章で、あなたの悩みへのヒントが見つけられるでしょう。

私の座右の銘である「志を高く持して、ただ年月長く倦《う》まず怠らず、励み努めることである」という言葉を残したのは、医者であり国学者の本居宣長です。彼は35年という長い歳月をかけて67歳のときに、『古事記伝』を完成させました。

時間がかかっても達成したい目標を実現させるのは、自分の脳だけです。あなたが自分の脳を見捨てず信じれば、脳は必ず応えてくれます。

「倦まず怠らず」に突き抜けた成果を出す。

個性的な問題解決をする。

世界基準で影響を与えられる。

そんな頭の切れるビジネスパーソンが持つ「一流脳」を、この本で手に入れてください。

Contents

1章 一流脳と凡人脳

2章

目標を最短で叶える人生の時間配分

3章 最大成果を上げる1日の予定管理

4章

最強のメンタルを築く時短思考法

5章

自分史上最高の脳をつくる時間戦術

1章

一流脳と凡人脳

やり抜く人は
「ここ」が違う！

転機が多い人ほど脳を成長させやすい

やり抜く人の一流脳とは？

「一流」と聞いて、皆さんは誰を思い浮かべますか？
今だと大谷翔平選手、藤井聡太さんでしょうか。スティーブ・ジョブズ氏、村上隆さんや黒柳徹子さん……。各業界で活躍する「一流」たちを見ていると、自分とは遥か遠い存在に感じるかもしれません。

「一流」に不可欠な要素とは、何でしょうか。生まれ持った才能でしょうか。努力を続けられる忍耐力でしょうか。運も重要な要素の一つかもしれません。ですが、私から言わせると、それらすべては脳の問題です。

本当は「なりたい自分」「叶えたい目標」があるのに、憧れのままで何も努力を始めていないなら、あなたの脳は「一流」ではありません。

一流の人たちを一流たらしめているのは、願望を能動的に叶える力です。アスリートでもアーティストでも起業家でも、一流とは自己実現のためにやり抜く人です。

未来のビジョンに対して自己管理をし、生産性の高い努力で実現に向かう。

そのための行動計画をしっかりと立て、目標達成までやり抜く人を、この本では一流と定義します。

私はこれまで、アスリートやアーティスト、起業家など1万人以上の人たちをＭＲＩ（エムアールアイ、磁気共鳴画像法）で約９００枚もの脳画像を撮影して脳相診断をしてきました。その結果、一流と呼ばれる人には、「一流の脳」を持っているという共通点があります。

脳は酸素を消費して、脳の形を成長させていくという法則があります。一流の人は、その自らの脳をわがままに使いこなせるように成長させているのです。

一流も凡人も脳の仕組みは同じ

面倒くさがって現状を変えたくない人、頑固で柔軟性に欠け、日々がマンネリ化している人は、凡人脳になっているといってもいいですが、「自分は一流の脳なんて持っていない」と諦める必要は全くありません。

実は一流の人も、生まれつき一流の脳を持っていたわけではありません。新生児の脳を見比べても、他の子よりも特別に優れた脳を持っているという子はいないのです。

あなたの脳も一流といわれる人の脳も、脳の仕組みや脳細胞の種類自体は同じです。なぜ持ちあわせている機能も構造も同じなのに、個人の脳に違いが生じるのか。

それはその人がどういう脳の使い方をしてきたかで、脳の形が変わり個性が出てくるからです。脳を使うというのは、情報をインプットし、ストックして、アウトプットするという一連の営みになります。脳は新しい経験をすると自然に変わるので、今の脳の状態を維持できません。**転機が多ければ多いほど、脳は鍛えられるといってもいいでしょう。**

新しい目標や成果に向かってやり抜くためには、並大抵ではない努力が必要です。しかし、一流の人は努力を、努力だと捉えていない人がほとんどのように思います。それは、なぜなのか？　一流の人は、「頑張る」というより「楽しい」という感覚が脳を働かせやすいという性質を理解しており、行動と習慣によって、「なりたい脳」へとセルフデザインしているからなのです。

脳のつくりは生まれつき決まっているものではなく、誰しも自分で脳をつくり変えていくことができる。

このことは、人類が皆、平等に与えられた力だといえます。

新しい挑戦が脳のご褒美

脳の仕組みと同じように、世界中すべての人に平等に与えられているのが時間です。毎日の時間管理を工夫すれば、年齢に関係なく脳の形は確実に変えられます。

「時間が足りない」「いつも忙しい」と愚痴りながら、日々のタスクだけに追われている人の中には、そもそも午前中から脳を覚醒させられていないケースも考えられるでしょう。

一流の人は、1日を効率的に、生産性高く、最大限に活用できるよう、自己管理しています。一見、大変そうに思えますが、脳を喜ばせることを意識した時間の使い方によって、一流の人はなりたい自分を更新しながら、新しい目標を実現させるというライフサイクルを構築しているのです。

新しい挑戦というのは、脳が過去に経験してきた次元とは違う段階に進むということです。人間の脳は情報を新しくインプットし、アウトプットしなくなると劣化します。**新鮮さや違和感のない経験に脳が反応しないからです。**

自分自身が置かれている現状を把握し、行動に優先順位をつけて、挑戦を成功させるビジョンを描く。そしてそのビジョンを実現できる計画を立て、自己管理をする。ビジョンを達成したら次なるビジョンを描き、また達成に向かって努力していく。

こうした一連のプロセスを苦労と捉えずに、当たり前のように時間を積み重ねていける人は、すでに「一流の脳」を持っています。「人生＝経験＝脳の形」だという基本を理解しているのでしょう。

脳は新しい挑戦をご褒美だと認識するので、チャレンジすればするほど、「一流の脳」は「超一流の脳」へと進化できます。

継続できないのは「今の脳」だから

「朝昼晩、規則正しく、カロリーを制限した食事をしよう」「1日10個は英単語を覚えよう」など、ダイエットや勉強など自分が決めた目標に向かって、やるべきことをリスト化して、達成に向けて努力する。

自分で決めたことを、ただ継続するだけなのに、挫折してしまう人はたくさんいます。ダイエット、英語、貯金は、三大「いつか」達成したい目標と呼ばれていますが、「こんな単純なことも続けられないなんて、自分はなんて意志が弱いんだ」と結論を下すのは、待ってください。

生まれつき「一流の脳」を持つ人がいないように、生まれつき「凡人の脳」を持つ人もいません。目標達成に挫折したのは、突然、生活に変化を加えようとしても、脳は現状維持のほうが楽だと認識したからです。脳の中に新しい習慣に取り組むための回路がまだつくれていなかったために、多くのエネルギーを消費してしまい、継続するのを面倒くさがったり、困難になったりしたにすぎません。

経験済みのことの反復や普段の行動の延長なら簡単にできますが、新しく取り入れようとする行動を、「今は」つらく感じてしまうだけなのです。

この「今は」というのが重要なポイント。これまで長年の行動でつくり上げてきた「今の脳」が新たなチャレンジを苦に思わず、喜んで頑張るなんて難しい話なのです。

脳は、それほど現状維持が大好きで、人はたいてい慣れた環境ほど肯定しやすく、環境の変化をストレスに感じます。

しかし、これまでの行動と経験の蓄積によってつくられた脳を変えるのもまた、行動と経験です。老化とともに神経細胞の数は減っていきますが、脳は使えば使うほど、何歳になっても成長し続けます。死ぬまで、脳は未完成です。

自己否定は脳を成長させない

多くの人は今できないことがあると、「自分に能力がない」と思い込み、未来の自分にも、本来成長できるはずの脳の可能性にも蓋をしてしまいます。失敗するたびに自己否定へと繋げることは、脳を否定することと同じです。

自己否定がクセになると脳の働きは限定され、仕事上の課題やトラブルが起きたときも視野が狭くなりがちです。これでは**脳の成長は促されず、むしろチャレンジを恐れるようになる**でしょう。

もし「壁にぶち当たった」と感じているなら、それはあなたが行動しているというサイン。行動していなければ壁を感じることもないわけです。すべての過程をポジティブに捉え、チャレンジという選択をした脳を肯定してあげることが、脳を成長させます。

楽な行動が大好きな凡人脳

些細なことでも、「面倒くさい」と感じて避ける癖がつくと、同じ脳の使い方しかできなくなり、いつもと違う行動がますます面倒になります。

「楽」を選び続けていると、こうした悪循環に陥ってしまい、**同じ生活パターンを断ち切らない限り、脳は活性化するチャンスを失います。脳が変わらないなら、目標は絶対に叶いません。**

目標を達成できないのは、あなたに能力がないからではなく、まだ実現させられる脳になっていないからというだけの話です。

このシンプルな脳の事実を認識し、1日の中で行動に少しだけ変化をつけてみませんか。初体験のことに取り組むとき、脳の回路は合理的にパターン化されていないため、たくさんのエネルギーを費やすので、脳が発達します。

進化し続けることが本来の脳の仕組み

　長い歴史の中で、人類の脳は進化してきました。人とサルの遺伝子はほとんど同じですが、脳の中身は全く違います。私たち人間の脳には、超前頭野《ちょうぜんとうや》・超《ちょう》頭頂野《とうちょうや》・超側頭野《ちょうそくとうや》といわれる3つの脳の領域があり、この3つは総称として**「超脳野《ちょうのうや》」**（スーパーブレインエリア）と呼ばれ、**アイデアを生み出すのに重要な役割を果たします。**サルやチンパンジーには超頭頂野はありませんし、超前頭野や超側頭野は小さいです。対して人類は時代の変化に合わせて脳が進化したので、人は今、人らしく生活できているのです。

　時代の中で人類の脳が進化したように、自らの脳も変化させていかなければ、時代に取り残されてしまうでしょう。ここからは具体的に、一流脳に近づくための意識と行動について、解説していきます。

ビジネスパーソンが鍛えるべき脳番地

脳には1000億個を超える神経細胞が存在します。神経細胞1個だけでは働きは成り立たず、同じような働きをする細胞同士は集まる性質があります。この集まりを、私は「脳番地《のうばんち》」と呼んでいます。

脳には全部でおよそ120の脳番地が存在し、機能別に思考系・視覚系・聴覚系・感情系・理解系・記憶系・運動系・伝達系と8つの系統に分けられます。それぞれの脳番地を組み合わせて、脳は情報を処理しています。

脳番地の成長具合を、脳の画像診断では「脳の枝ぶり」として見ることができ、発達していると枝ぶりは太く、未熟だと細くなっています。脳番地を使えば使うほど枝ぶりは太く成長していき、その機能が持つ能力は向上していきます。この**脳番地の発達具合で、人によって得意・不得意が生じます。**

8つの脳番地の場所

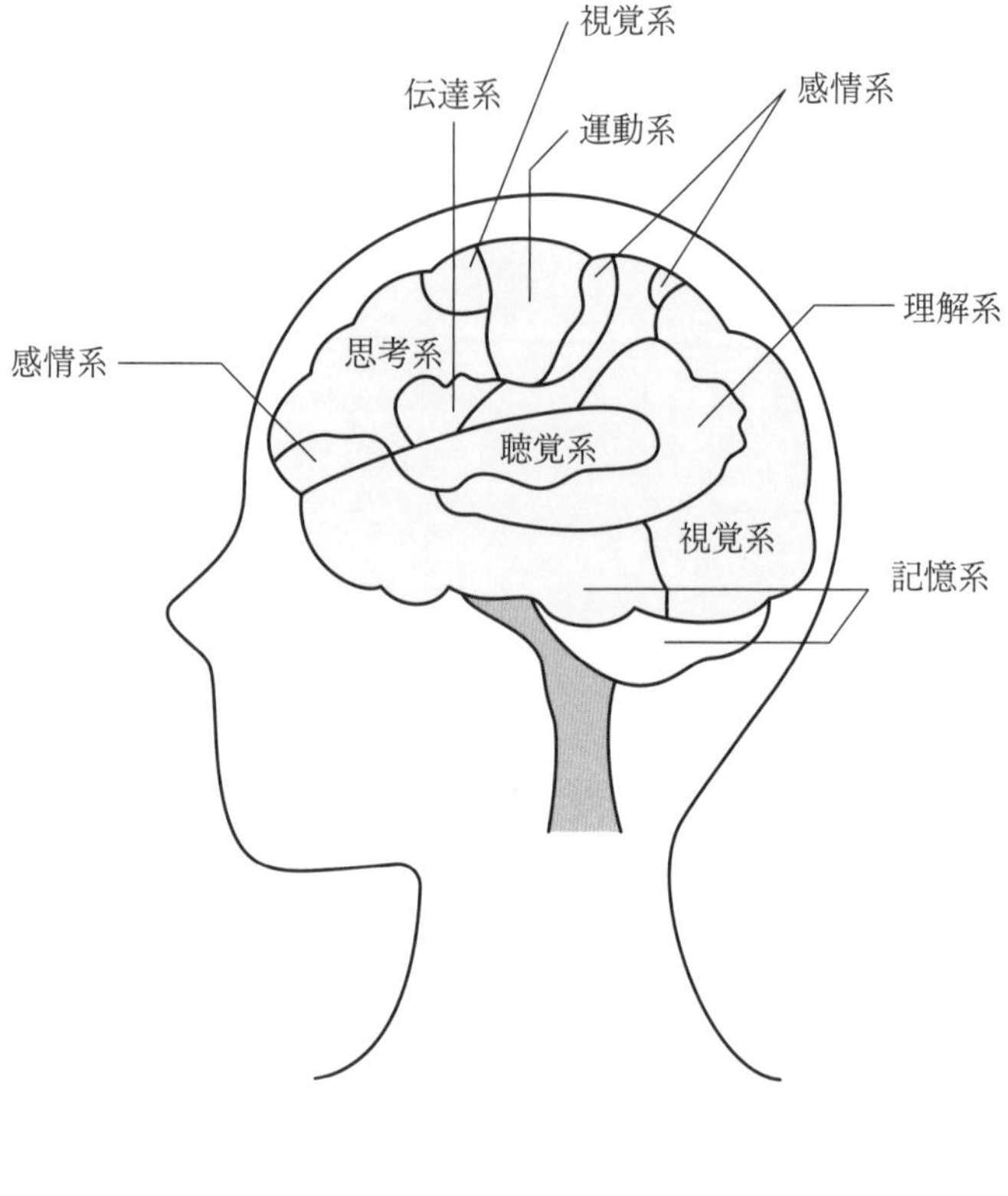

視覚系
伝達系
感情系
運動系
理解系
感情系
思考系
聴覚系
視覚系
記憶系

8つの脳番地の特徴

思考系脳番地　考える、発想する、決断する。意思決定の司令塔
視覚系脳番地　目からインプットした情報を脳に伝える
聴覚系脳番地　音や言葉など耳からインプットした情報を脳に伝える
感情系脳番地　喜怒哀楽の感情を生成し、感受性に関わる
理解系脳番地　情報を理解・推測・整理する。空間を把握する
記憶系脳番地　覚える・忘れない・思い出す機能を持つ
運動系脳番地　身体を動かすこと全般に関係する
伝達系脳番地　話したり、伝えたり、コミュニケーションに関わる

では、ビジネスパーソンに求められる能力と脳番地の関係について、次のページから順番に見ていきましょう。仕事のスキル向上に必要となる脳番地をトレーニングすることが、自己実現をするための近道です。

8つの脳番地×ビジネススキル

思考系脳番地×決断力

意欲や発想力に関わる思考系脳番地が発達していると、意思決定が速く状況に応じて的確に判断できます。思考系脳番地が発達すればするほど、決断のスピードは速まり、正しく判断できるためミスも少なくなります。

感情系脳番地×マネジメント力

他人の気持ちを逆撫でしたり不快にさせたりする人は、短気だったり、不安定だったり自分の感情もコントロールできません。感情系脳番地が発達していれば、予想外の事態にも冷静に対処することができ、一緒に働くチームメンバーのモチベーションを向上させられます。

伝達系脳番地×説得力

説得力がある人は、理解したことを自分の言葉で噛み砕き、わかりやすく相手に伝えます。つまり、自らの考えを言語化したり表現したりするのが得意ということ。伝達系脳番地が発達していると、プレゼンや交渉もうまく進められます。

運動系脳番地×マルチタスク

運動系脳番地は、スポーツだけでなく身体を動かすこと全般に関わります。話を聞きながらメモをとったり、説明しながら相手の表情を見たり。運動系脳番地を発達させることで、そうしたマルチタスクがスムーズに素早くできるようになります。

聴覚系脳番地×傾聴上手

聴覚系脳番地が発達している人に多い職業が、アナウンサーやMCです。人の話を聞くのと同時に自分が話す言葉を的確に選び取れるため、聞くだけでなく話すのも上手になります。

視覚系脳番地×空気を読む

私は視覚系脳番地が、ビジネスパーソンが一流になれるか否かの明暗を分けるといっても過言ではないと思います。右脳と左脳で視覚系脳番地の役割は異なり、右脳は絵や景色などの非言語情報、左脳は文字などの言語情報を受け取ります。**ビジネスの明暗を分けるのは、右脳の視覚系脳番地。**ここが発達している人としていない人の違いは、見るだけで理解できるか、読まなければ理解できないかの違いです。

「読めば理解できる」と聞くと優秀な人のような気もしますが、読む時間がなければ理解できないということは、状況を理解するスピードが遅い、言語化されていない情報は理解できないということです。日頃スマートフォン（以下、スマホ）などで言語情報に触れる時間が長いと、非言語情報から読み取る力が弱まっていき、視覚系脳番地は成長しません。

学生のうちはテストや試験など、言語で能力を判断することが多いため、「読めば理解できる」人は優秀だとされてきたでしょう。ですが社会に出ると、非言語の情報を視覚で摑み取らなければいけません。あの人の表情が暗いなとか、嫌そうな顔をしているなとか、言語化されていない「空気感」を読み取れないビジネスパーソンは、一流だとはいえません。右脳の視覚系脳番地が発達していれば、物事の本質を見抜くことができます。

理解系脳番地×洞察力

理解系脳番地は視覚や聴覚から入ってきた情報を、取りまとめて理解するのが役割です。理解系脳番地が働けば同じ情報でも様々な観点で解釈することができ、深い洞察力に繋がります。洞察力が鋭くなればなるほど、情報を読み解く力も増していきます。

記憶系脳番地×情報管理

情報やスケジュール管理の役割を果たすのは、記憶系脳番地です。「昨日何をした」という過去の記憶だけでなく、未来に向けて新しくつくり出す記憶のためにも記憶系脳番地は働きます。過去と未来、それぞれの行動と情報を管理するのが、記憶系脳番地です。

脳番地別トレーニング法

人は仕事で使う脳番地だけを発達させてしまいがちです。仕事以外で使う能力は開発されにくいため、ここからはそれぞれの脳番地のトレーニング法を紹介します。脳番地は「この脳番地を発達させたい」とイメージするだけでも活性化します。大事なのは意識すること。常に意識するために、ビジネスパーソンが日常生活で取り入れやすい簡単な習慣を紹介します。一つからでも、ぜひ実践してみてください。

思考系脳番地は、今日学んだことを書く

自分が得たことを実感し、振り返ることが、脳の成長に繋がります。昨日より何ができるようになったか、何を学んだかを脳に感じさせることが大事です。結果が出ていなくても、プロセスだけでも十分。今日1日が昨日とどう違っていたかということ、新しく何を得たのかということを、脳に再認識させてください。紙に書かなくても、スマホにメモするのも手軽にできるのでおすすめです。学んだことと合わせて、次なる目標を書き記しておけば、脳番地の成長スピードは速まります。**メモする文字数は13文字くらいと短くても大丈夫。**文章ではなくキーワードだけでも、十分効果的です。

感情系脳番地は、大好物を10日絶つ

嗜好品に慣れすぎてしまうと、感情系脳番地の反応は鈍くなってしまいます。大好物をあえてやめてみたり、代替品を使うなど違う方法で欲求を満たしたりすることで、感情系脳番地を刺激できます。

伝達系脳番地は、音読する

本や資料を音読して、自分の声で理解してみましょう。伝達系脳番地が未熟な人は、自分で発言する機会が少なく、聞く側に回ってしまいがち。まずは自分が話すことを積極的に行い、自分の声を聞くところから始めましょう。

運動系脳番地は、とにかく歩く

エレベーターは使わず階段を、タクシーよりなるべく自分の足で移動するなど、普段から歩く機会を増やしてください。1日だいたい7000～8000歩は意識的に歩くようにしましょう。

聴覚系脳番地は、隙間時間にポッドキャスト

最近はポッドキャストやAudibleなど、音声メディアが充実しています。隙間時間などで情報収集する際に音声メディアを活用すれば、聴覚系脳番地を刺激できます。ラジオを習慣的に聞くこともおすすめです。

視覚系脳番地は、見たことをメモする

目に見える、言語化されていないものをメモしてみてください。同僚や社長の顔色や空の様子など、今、起こっている非言語の状況を読み取って、言語化することがトレーニングになります。

理解系脳番地は、デスク周りを片づける

仕事が捗《はかど》る人は、作業スペースが綺麗な人が多いです。これは自分のパフォーマンスを最大限にする環境を知っているといえます。家や職場よりも、カフェなどが集中しやすい人もいるでしょう。思考がフル稼働しやすい空間を選び、身を置くことが大切です。

記憶系脳番地は、就寝と起床時刻を固定する

起きている間に学習や発見によって刺激を受けた海馬《かいば》は、寝ている間にそれを記憶として定着させます。就寝と起床の時刻がバラバラだと、記憶は定着しづらくなるので、定刻に寝起きし、1日に8時間は寝るように心がけましょう。

脳は行動に順応する

明るいところから急に暗いところへ行くと、最初は何も見えないですよね。ただ、しばらくすると徐々に目が慣れて、周囲が見えるようになります。これを暗順応といいます。反対に、暗いところから明るいところへ行くと、初めは眩しいですが、だんだんと明るさに慣れてきます。これを明順応といいます。

私たちの身体は光に対して順応性がある、ということです。皮膚感覚にも順応性があり、とても熱いお風呂もしばらく入っていたら熱さを感じにくくなりますし、冷たい水風呂も時間がたてば平気になっていきます。

同じように、**脳も驚異的な順応力があります。**脳はあなたの行動に、必ず順応していきます。行動の積み重ねが、あなたの脳をつくり変えます。

脳を一流にする正しい努力とは

自分で自分の脳を変えていく仕組みが脳には備わっているのに、なぜ皆が一流の脳を持つわけではないのか。それは、脳が変わるということを本気で信じていない人がほとんどだからです。

はっきり言います。自分の脳を一流にできるのは、自分しかいません。時代の変化に適応していくためには、誰しもが絶えず変化し続けていく必要があります。そのために**「頑張る」ということは、時間を費やせばいい、限界ギリギリまで我慢する、ということではありません。**

あなたの脳を目的に応じて成長させる正しい努力の仕方を習得することです。失敗や逆境を乗り越えようと努力しない人は、凡人脳のままです。凡人脳と一流脳が感じる満足度や喜びは、質が異なるでしょう。

2〜3週間で変化する脳番地

脳番地トレーニングを続けていくと、2〜3週間で変化を感じ始めると思います。脳が変わるスピードは、想像以上に速いものです。ただし、脳番地ごとに成長スピードや周期は異なります。

左脳・右脳の両方にまたがっている8つの脳番地の中で、**最も早く最適化するのは運動系脳番地**です。胎児は妊娠9週間前後から、胎動を始めます。最初に運動系脳番地が成長していくのは、人の成長を考えると自然なことです。

一方で、**一番最適化が遅いのは感情系脳番地**です。感情系脳番地は記憶に支配されやすく、ゆっくりとしか変われません。自己の感情や他人の感情が影響するので、自分でコントロールできないところがあるのです。老化が遅く、一生かけてゆっくりと成長していくのが感情系脳番地です。

右脳の感情系脳番地は様々な人とコミュニケーションすればするほど育ち、左脳の感情系脳番地は自己理解が深まるほど育ちます。

脳が変わるスピードが速いのと同じように、脳は元に戻るのもあっという間です。ましてや長年、脳の同じエリアばかり使ってきた人の脳は、変化がなかなか定着しにくいといえます。使っていない脳番地はすぐに休眠状態になり劣化しますから、脳番地別トレーニングを習慣化させなければなりません。

働いていると、「できること・やりたいこと・好きなこと」に基づく行動が多くなる反面、「できないこと・やりたくないこと・嫌いなこと」を避けるようにもなり、使われない脳番地が多くなります。

脳番地の潜在能力細胞が活性化すれば、思わぬ才能に出合うチャンスが訪れるはず。

一流の人は目的に応じて、自分の行動を一変させることができます。目標達成に不必要な行動は全部捨てることができるのです。なりたい理想の自分を仮定し、その自分が持たないだろう習慣や実践しないだろうことを捨てられないのであれば、まだ一流の脳にはなれていません。

情報の収集と発信を磨く

脳番地はトップダウンとボトムアップ、両方から刺激を受けます。

たとえば視覚系脳番地で捉えた情報は思考系脳番地へと伝達されますが、視覚系脳番地が摑んだ情報だけでなく、思考系脳番地が「こういう情報が欲しい」と求めることもあります。思考系脳番地が視覚系脳番地に情報を求めたときに、情報を受け取る力がなければ、そもそも情報を収集できません。

脳番地ごとのトレーニングだけでなく、脳番地を連携させて日常でどんどん新しいインプットとアウトプットをすることが、脳の成長には必要です。

脳の神経細胞はイメージや思いに反応し、実現するためにとるべき行動を身体に指示します。 ですから目標や夢を書いて目につくところに貼るなどするだけでも、その行動に合わせて脳は変わろうとします。

自分の脳に新しい役割を与える

「理想を叶えたい」「この目標を実現させる」という新しいミッションが脳に与えられると、脳は新機能をつけ加えようと変化していきます。これは脳が持っている特性であり、皆に共通する仕組みです。

自分で自分の脳に新しい役割を与えるためにはまず、今の自分に対する**自己認知が正確にできていないといけません。**自己認知とは、性格や価値観、長所と短所を把握することです。周りからの言葉や評価で「私はこういう人間だ」と思い込んでしまうと、自らが変わる可能性が狭まってしまいます。

正しい自己認知のために、あなたのライフヒストリーと向き合ってみてください。自分が何に達成感を得るのかということを基にしたビジョンは、脳に喜んで「やりたい」という感覚をもたらし、成長の度合いを変えます。

スーパースターだから夢が叶うのではない

大谷翔平選手は天才。だから目標に向かって着実に努力し、夢を叶えられるんだ。こういう表現をする人がいますが、彼が自己実現できるのは、スーパースターだからではありません。もちろん彼は弛《たゆ》みない努力を継続しているから目標を達成できるわけですが、ここで大事なのは「才能があって特別だから、努力できる」わけではないということです。

今日何をするか、明日何をやるかというのは、誰しも自由に選ぶことができます。時間の使い方によってその充実度は全く異なります。効率的に行動できるかできないかで、1日で得られる成果には大きな差が生じるでしょう。**最も効率良く行動するには、自分の脳を最大限に使う必要があります。**

脳を働かせるにはパルス（電気信号）の働きが必要で、信号が伝わるのには時間を要します。

複数の脳番地が連携して行動へとアウトプットされるので、同じ系統の脳番地の細胞同士だけでなく、別系統の脳番地の細胞にもパルスが移動します。その分、時間がかかるのです。こうした脳の働きにかかる時間を短縮する、言い換えると脳番地を手懐《てなず》ける能力を、一流の人は身につけています。

目標に向かって長期的に努力することを、多くの人は大変なことだと感じますが、こうした**「大変」という感覚から脱して目的達成のスタートラインに立つためにも、一流の脳を手に入れる必要があります。**

自分の脳を変えるということは、コンピューターなどのシステムのハードウエアを変えるようなものです。多くの人たち、特に年齢を重ねた方々は、自らの脳を変えられないと思い込んでいますが、いつでも新しい機能をつけ加えることはできます。機能が変われば、脳の働き方が変わり、努力も容易《たやす》く続けられるようになります。

スーパースターでなくても、夢を叶えられる力が脳にはあります。

2章

目標を最短で叶える人生の時間配分

やり抜く人は
「ここ」が違う!

右脳と左脳、両方の目標を立てる

自分を知ること＝脳を知ること

あなたは、仕事で発揮される自分の強みと弱みを明晰に説明できる自信はありますか？　面接のような特別な機会がなければ意識しないかもしれませんが、一流の人は、価値観や能力といった自分自身のことを知り尽くしています。

強みと弱みを把握した上で戦略を立て、自分の現在地を正確に把握し、どう変わっていけば目標に到達できるのかを常に考えています。

「自分について考えよう」「自己分析をしよう」というフレーズをよく目にしますが、「自分を知る」方法がわからないという人は多いかもしれません。他者に対する分析はできても、自分自身になると難しい、という方もいると思います。

しかし、脳のＭＲＩ画像を見れば、瞬時にその人のすべてがわかります。トークが得意な営業や接客業の人は伝達系脳番地の、聞き上手な通訳やカウンセラーは聴覚系脳番地の枝ぶりが太く黒くはっきりと写ります。その人の経験、個性、能力は脳の枝ぶりとなって表れるので、**脳番地ごとの発達具合を分析すれば、これまでの過去、性格、好み、その人のすべてが手に取るようにわかるのです。**脳を見ることは、その人を最も理解することだと断言できます。

現在の脳の状態は、これまでの経験がつくり出したにすぎません。脳の仕組みは皆同じで、これまでの経験が異なるだけです。脳は良くも悪くも、日々の経験で常に変化していくので、ずっと今の状態のままということはありえません。

何歳になっても、目標を持って努力さえすれば、誰しもが理想とする自分＝脳をつくることができます。今はまだ発達していない脳番地も、筋肉と同じようにトレーニングすれば、いくらでも発達させられるからです。ただし、目標の立て方が非常に重要となります。漠然と「こうなりたい」とぼんやり思っていても、脳は成長してくれません。

右脳と左脳、両方の目標が必要

脳が積極的に取り組むための目標には、2種類あります。右脳の目標と、左脳の目標です。

脳は右脳と左脳で、役割が異なります。右脳は映像や音などの非言語的なイメージで思考し、左脳は言葉を使って具体的な解決策を導きます。各脳番地も、右脳と左脳の両方にまたがっています。

多くのビジネスパーソンは目標を数値化することが得意でしょう。「売上を前年から○%アップさせる」「営業件数を○件達成する」などの数値による目標は、左脳の目標です。現代社会では言語化する能力が高い、**左脳が発達した人を優秀だと判断する傾向が強いですが、左脳の脳だけでは一流には**

なれないでしょう。右脳の目標を立てられるか、つまり数値ではないビジョンを描けるかが、重要となります。

大谷翔平選手の場合、「野球界で最高のベースボールプレイヤーになる」というビジョンを描き、それを実現するために、目標達成シート、通称マンダラチャートを作成して言語化していきました。これは右脳で理想を描き、左脳で言語化したことで夢を現実化していく、わかりやすい例です。

右脳はビジョンを実現するための司令塔となり、脳番地に必要な情報を集めてくるよう働きかけます。大谷翔平選手が81マスものマンダラチャートを描けたのは、右脳が司令塔となったから。そうでなければ、必要となる情報や行動が曖昧になり、何を目標として詳細に設定すればいいのか、わからないはずです。

右脳で目標のイメージを持つことからスタートし、左脳で目標へのロードマップを言語化すれば、理想に向かって迷わず無駄のない行動を選び続けられます。

インスタントな目標設定をしない

目標設定でまず大事なのは、3ヶ月程度の短期間ではなく2〜3年スパンの長期的な意義を考えることです。挫折しがちな語学学習やダイエットなどは、それを達成する、もしくは、**達成後の意義を設定できていないがゆえに、脳が長期的に継続する意味を見つけられないのです。**

たとえば、「TOEIC®の点数を800点以上にして、海外で転職する」「夏までに◯kg痩せて、憧れのブランドの服を着こなす」のように、目的意識と行動する理由を合わせて、しつこいくらい脳に繰り返し与えるために、毎日口に出したり、眺めたりしましょう。そして目標を達成した瞬間で終わりという話ではありません。未来まで繋がる意義を設定しなければ、目標を達成した後の継続も不可能です。

同時に2つの目標を設定する

人生の時間は限られています。仕事に追われがちなビジネスパーソンが限られた時間にできることは、それほど多くありません。しかし、目標は一つだけではないはず。単一の目標だけに時間をかけすぎてしまうと、タイムオーバーになってしまうのは勿体ないです。

同じ時間内でも脳を効率良く働かせることで、目標を次々と達成させることは可能です。そこでおすすめしたいのが「二重らせん思考」です。

二重らせんとはＤＮＡの構造で、２本の線がねじれた状態です。二重らせんのように2つの目標を同時に設定し、並行して進めていこうという考え方です。

これは、２つのことを並行して目指すことで、単に時間削減に繋げようという話ではありません。

実は目標を2つ設定すると、どちらの目標も達成しやすくなるのです。**一つの目標達成に集中しすぎると同じ脳番地ばかり使ってしまい考え方が凝り固まり、脳が新しい発想を生み出しづらくなります。**

二重らせん思考は、脳のマルチタスク機能とバックグラウンド機能の仕組みを利用しています。

2つ別々の目標を同時にこなしていけば、異なる脳番地が刺激され、それぞれから生まれる思考は互いに良い影響をもたらします。その2つが関係ない異分野のジャンルであればあるほど、組み合わさると面白く、オリジナリティの高い行動を実現することができるでしょう。さらに、異なる目標に挑戦することで、リスクを分散できます。一つの目標達成にたとえ失敗したとしても、もう一つの目標があれば、落ち込んでいる暇はありません。

一流の脳は毎日、新しい自分に出会うことを求めます。日々、自分の脳を成長させるための種を求めているのに、同じ脳番地しか使わないことは脳の仕組みに反した行為です。そういう意味でも、やはり「二重らせん思考」はとても理にかなっています。

二重らせん思考

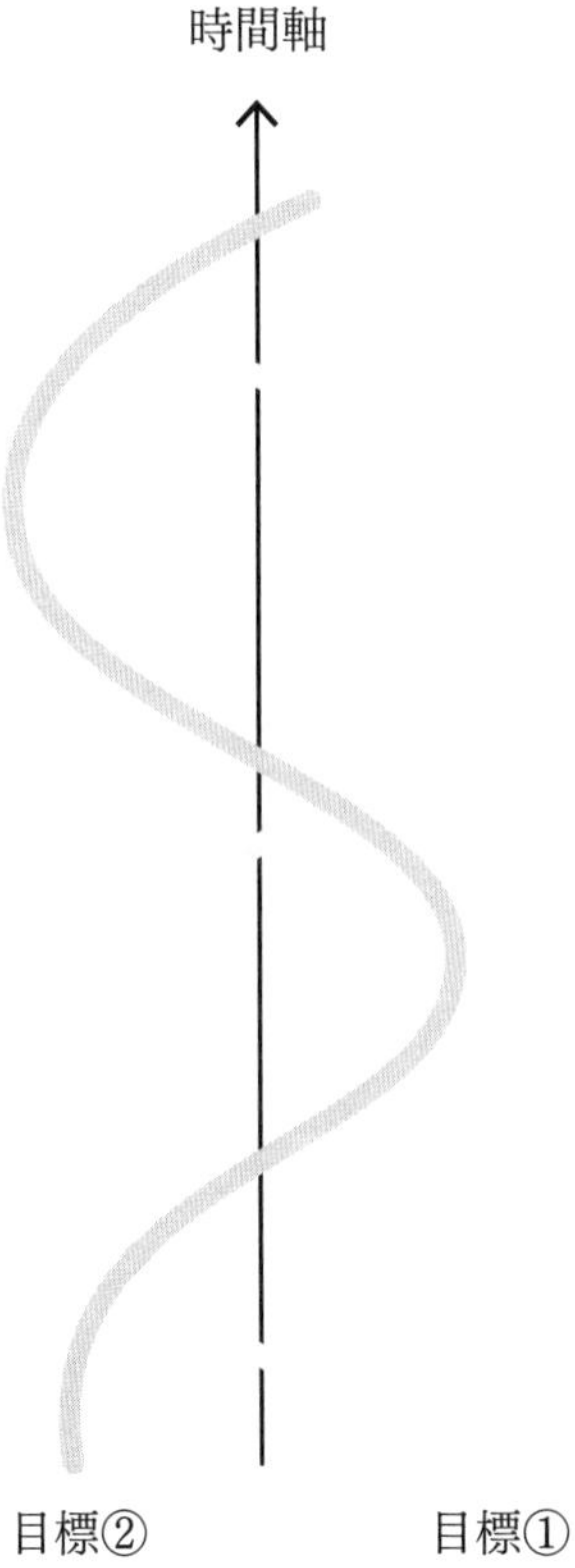

目標日数＋1日なら合格

新しい脳番地の使い方が定着するまでは、まずは3日続けることを目標にした上で、4日できたら合格、というように、目標日数＋1日達成を目指してみましょう。次に1週間続けることを目標設定にしたら、8日続けられたら合格と、目標とする日数を増やすことを、繰り返していきます。

たとえばトップスピードで50mを走ろうとすると、50mぴったりで止まることはできませんよね。脳も同じで、トップスピードで行動していたら突然ストップするほうが難しいのです。

それなのに、もし自分で決めた日数だけで息切れするのであれば、最初に設定した日数がオーバー気味なのかもしれません。走る習慣がない人が、いきなりフルマラソンを完走できません。距離を少しずつ延ばして42・195㎞を目指すように、少なく無理のない日数から始めることを心がけましょう。

日数の設定にかなり無理がある場合は、行動することが義務であるように脳が捉えてしまっている可能性が高いです。**「我慢」や「義務」と捉えると、脳は適応できにくくなります。** 脳はご褒美を感じられないと、その行動や思考を続けようとはしません。ご褒美の対極にあるのが、我慢であり義務感。

「目標＋アルファ」を設定できることこそ、一流脳の条件なのです。この＋アルファをどのように伸ばし増やしていくかが、一流脳を持った人たちの自己向上の技術なのです。

たとえば、私のクリニックでは「ゆっくり腕立て伏せ」をビジネスパーソンに推奨します。悩みグセがある人、仕事の生産性が上がりづらい人は、腕立て伏せが全くできずに、腕を曲げた段階でつぶれる傾向が高いです。その場合は、まず四つん這いの状態で腕立て伏せをゆっくり5回やってもらいます。さらに10回、15回と回数を上げていきます。その後、従来の腕立て伏せをやってもらうと、少し筋力がついて1回ではつぶれなくなるのがわかって、＋アルファで目標まで積み重ねる充実感を味わってもらえます。

脳にとって「失敗」はレアな経験

1日の過ごし方だけが、目標に大きく影響するわけではありません。たった1日サボったり、決めたことが幾日かできなかったりしたとしても、目標を達成できなくなるわけではありません。

日によって、コンディションが変わるのは当然。むしろビジネスパーソンの場合は自分の意思ではどうにもならない、周りの環境やタイミングに左右されるでしょう。「1日」に固執するのではなく、「1週間」などある程度まとまった単位で自分の進捗を振り返ることが、モチベーション維持にも良い効果をもたらします。

振り返るときは「できなかったこと」ではなく、「何を新しく学んだのか」を記しましょう。「発見や気づき」はスマホにメモしたり、カレンダーに書き込んだり、脳が視覚で捉えて確認できるようにしてください。今まで知らなかった新しいことは脳にとってのご褒美だからです。

プロセスを振り返るメモは、スランプに陥ったときにも非常に役立ちます。これまで、**どんな失敗に陥りやすいのか、マインドブロックはどういうときに発生しやすいのかなど、うまくいかない理由には案外、共通点があることがメモを通して見つかるはずです。**忙しい毎日の中で振り返りの時間をとることは面倒かもしれません。しかし他人と差をつけるとしたら、この時間でしょう。未来の自分へのリスク管理として、必ず習慣化してください。

「できなかったこと」によって得られた発見が、一流脳への手掛かりです。一流の人たちはもともと一流だったわけではなく、自分なりの気づきを得て成長した結果、「今」一流として存在しています。この過程を一流の人たちは努力だと思っていません。

同じように発見や気づきを楽に突きとめるには、一つ一つの結果に一喜一憂するよりも、失敗のプロセスも「レアな経験」として分析すること。そうすると、目標達成までのどんな行動にも付加価値が生まれます。

振り返りが向上させるメタ認知能力

目標達成において非常に重要なのが、時間の見積りです。自分が一つの課題を終えるのに、どれくらい時間がかかるのかを把握できて初めて、戦略的にゴールまでの道筋を描くことができます。

一流の人はこの時間の見積りが非常に上手だからこそ、目標に確実に到達します。10年や20年といった年数を要する目標に対しても、達成に向けてマイペースで着実に進んでいけます。これは、**一流の人はメタ認知能力が高いことに加え、時間管理能力と関係する記憶系脳番地が発達しているからです。**自分の現在地とゴール地点までの距離を客観的に捉え、冷静な判断を下せるので、効率のいい努力ができます。メタ認知能力が低く、自分の能力や現状を過大もしくは過小評価してしまうと、予定よりも達成時期が遅れたり、達成できなかったりするでしょう。メタ認知能力の向上には、記憶系脳番地を刺激する過去の振り返りが影響します。なぜ失敗したのかちゃんと思い出せない場合は、何度も同じタイプの失敗を繰り返している可能性が高いです。

むやみやたらに経験を増やしただけでは、メタ認知能力は上がりません。「リサーチにはこんなに時間がかかるんだ」「提案書作成は意外と時間がかからないんだな」と検証しながら知見を蓄えることで、自分の能力に対するメタ認知能力は向上していきます。経験したことを観察し、自分の中に分析結果を蓄積させていけば、メタ認知能力は確実に上がっていきます。**自己認知が不完全なままだと、新しい習慣をスタートさせても頓挫する傾向が高いです。**

一流の人は一つの経験から、多くのことを吸収しようとします。過去の自分との対話を通じて、自己理解を深め続けていきます。

今はできなくても振り返りを習慣化していくと脳の処理過程は変化していきますから、いずれは意識しなくても自然と過去から多くのことを学ぶようになるはずです。

情報不足だと結果が出ない

努力を継続しているのに結果が出ないときは、情報が足りていない可能性が高いです。現状の自分を理想とする状態に変えるまでに行動計画の中で何が必要なのかを、ミクロとマクロの視点で精査する必要があります。

思考系脳番地は理解系脳番地と連携しながら、視覚系脳番地や聴覚系脳番地に情報を取ってくるよう指令を出して、情報を収集します。しかしそもそも、どこから情報を得ようとするかによって、インプットする内容は大きく変わります。現代にはテレビや新聞、スマホなど無数に情報源がありますが、スマホの画面だけを見つめるという行為は、どの筋肉も動かしません。

視線が移動しないと視覚系脳番地は刺激されないので、思考も変えられない残念な結果になります。

ネットは脳の自発性を弱める

SNSを眺め、影響され、受け売りすることに時間の多くを割《さ》く人生を、あなたは過ごしたいでしょうか？　何か調べる際にネットのみに頼る癖がつくと、脳の自発性が弱まります。自分で情報の真偽が判断できなくなると、ますますネットに頼ることに。こうして、フェイクニュースも潜むスマホ依存への悪循環が生じてしまうのです。

ネットに広がる他人の経験を自分ごとのように錯覚しないでください。**実体験がないのに体験したように思うことは脳にとって危険なことで、脳の認知プロセスに悪影響をもたらします。**SNS上の情報から得られる快感や刺激は、自己肯定感に貢献しません。自らの肉体を伴う体験こそが非常に大切です。

右脳を退化させるスマホ

長時間スマホに触れることによって、最も退化する脳番地は右脳の視覚系脳番地です。右脳の視覚系脳番地は文字情報ではなく、映像などのイメージを摑み取ります。読んで理解するのではなく、全体を〝見て〟理解し、記憶します。

テレビやパソコンに比べてもスマホは目との距離が近く、周りに置かれたものなどが視界に入りづらいですよね。介在する情報がない分、書かれた文字情報だけに集中してしまうため、右脳の視覚系脳番地は退化していき、〝見て〟理解することができなくなる。そうなると、一流脳にはなれません。

たとえば一流の医者は、患者が訴えなくても、顔色や姿勢などの言語化されていない情報から多くのことを読み取ります。同じように、一流の人たちは視界に入ったものから、直感的に多くの情報を集めています。文字情報に頼ることなく〝見て〟情報を得ることで、右脳の視覚系脳番地は刺激され発達し、ますます見るだけで多くの情報を手に入れられるようになります。

一方、**スマホの影響により活字中毒になってしまった人の脳画像を見ると、右脳の視覚系脳番地が真っ白。**枝ぶりが発達していない、スカスカな状態が写っています。この状態で非言語情報の絵画やアート作品などを観ても、鑑賞方法がわからず、何も感じ取ることができません。活字を読むことばかりに比重を置いてしまうと、非言語情報から情報を読み取れなくなるのです。

普段から意識的にスマホから離れて、右脳の視覚系脳番地を使うようにしてください。骨董品やアートなどの一級品に触れ続けると、だんだんと真贋《しんがん》の見分けがつくようになるはずです。これがまさに、右脳の視覚系脳番地が発達した状態。

一流の芸術家は最高級の作品を鑑賞するからこそ、一流であり続けます。

情報過多で接続過剰の時代に、絵画や音楽といった芸術的な表現から良質なインプットをして右脳の視覚系脳番地を鍛えていきましょう。

脳番地が成長すれば習慣が定着する

気合いを入れて新しい習慣をスタートしたのに、三日坊主で終わってしまった。そんな経験はありませんか？　これもあなたの意志の弱さが問題なのではなく、あなたの「現在」の脳のせいです。

新しい行動は脳番地を2〜3週間でみるみる変化させます。しかし新しい行動習慣を実践する準備が整うまで、つまり脳が最適化するまでに必要な時間は脳番地によって異なり、**脳が最適化するまでは行動を定着させることは決して楽ではありません。**

これは新しい行動習慣を実践するための脳番地の回路がまだ開通していないからです。脳が前の行動習慣のほうが楽だと感じており、以前の脳番地の使い方を求めているからなのです。

苦しい＝脳は確実に成長している

肉体のトレーニング中は苦しかったり、次の日は筋肉痛になったりしますよね。脳も同じで、新しい脳番地を使い始めたばかりのうちは、困難さや疲労を感じて当たり前。むしろ**苦しいことは、脳が確実に成長している合図**です。

一つの行動や思考に対して脳番地は一つだけ使われるわけではありません。複数の脳番地が互いに連携し、行動へと繋がります。特に、細胞同士を繋ぐ情報伝達回路のネットワークが脆弱なままでは、脳は機能的に働きません。

まずは筋トレのように行動のメニューを決めて、スケジュールを組み立ててみましょう。脳には、期限やスケジュールを設定したほうが働きやすくなるという特性があります。デッドラインを決めて、段取りよく物事を進めれば脳は喜び、脳番地はますます成長していきます。

人類は超脳野時代へ

1章でも触れましたが、私たちの脳には超脳野と呼ばれる部分があり、超前頭野（頭の前方）・超頭頂野（頭頂部）・超側頭野（頭の側面）という3つの領域を合わせたものを指します。

複雑な情報処理を行う超脳野はアイデアや高い思考力を生み出すのに重要な役割を果たし、サルやチンパンジーにはありません。

これは人類の進化の過程で生み出され、肥大化した場所です。私たち人間にはサルやチンパンジーにない概念が多くあるのも、超脳野が発達したからです。

時間管理の戦略も超脳野から生まれた概念の一つですが、私たち人間は、まだ超脳野のポテンシャルをすべて使いこなせてはいないと思います。

人間の脳の使い方は未熟で、進化する余地があります。より高い思考力・記憶力・理解力を連携させて物事を冷静に判断できれば、戦争や差別はなくなるはずです。それなのに多くの人たちは、自分の脳を自分で変えられる事実を自覚していません。

人間だけが持つ超脳野が30代以降に旬を迎える場所であることも、人類に組み込まれた仕組みそのものだといえるでしょう。

記憶力や応用力に関わる「超側頭野」の成長は30代で旬を迎えます。
情報をもとに理解、分析する「超頭頂野」の成長は40代がピーク。
実行力や判断力を司る「超前頭野」の成長は50代が最盛期です。

特にすごいのは「超前頭野」です。「超前頭野」の働きが活発な人は、ストレス耐性が強いことがわかっています。50代を過ぎてからも成長し、60歳以降でも元気な人は「超前頭野」の萎縮が見られることが少ないです。

人格を磨くなら超前頭野

20〜50代の各世代で同じ課題に取り組んでもらった結果わかったことは、40〜50代の脳は必要最低限の働きで課題をクリアできるということです。過去の成功体験から省エネスタイルでやり遂げられることが多く、脳を使う範囲が少なくて済むのでしょう。似たような経験は何度も繰り返すうちに、脳への刺激にはならなくなります。

ベテランと呼ばれる40〜50代のビジネスパーソンは、最も仕事で行き詰まりを感じやすいといいますが、行き詰まりは伸び代がある証。**「超前頭野」は50代が最盛期**ですが、この部分が発達すると、人生の経験をもとに深く理解して考える力やこれまで培ってきたコミュニケーション力をさらに生かすことができる脳になります。

人間にしかない3つの超脳野の働き

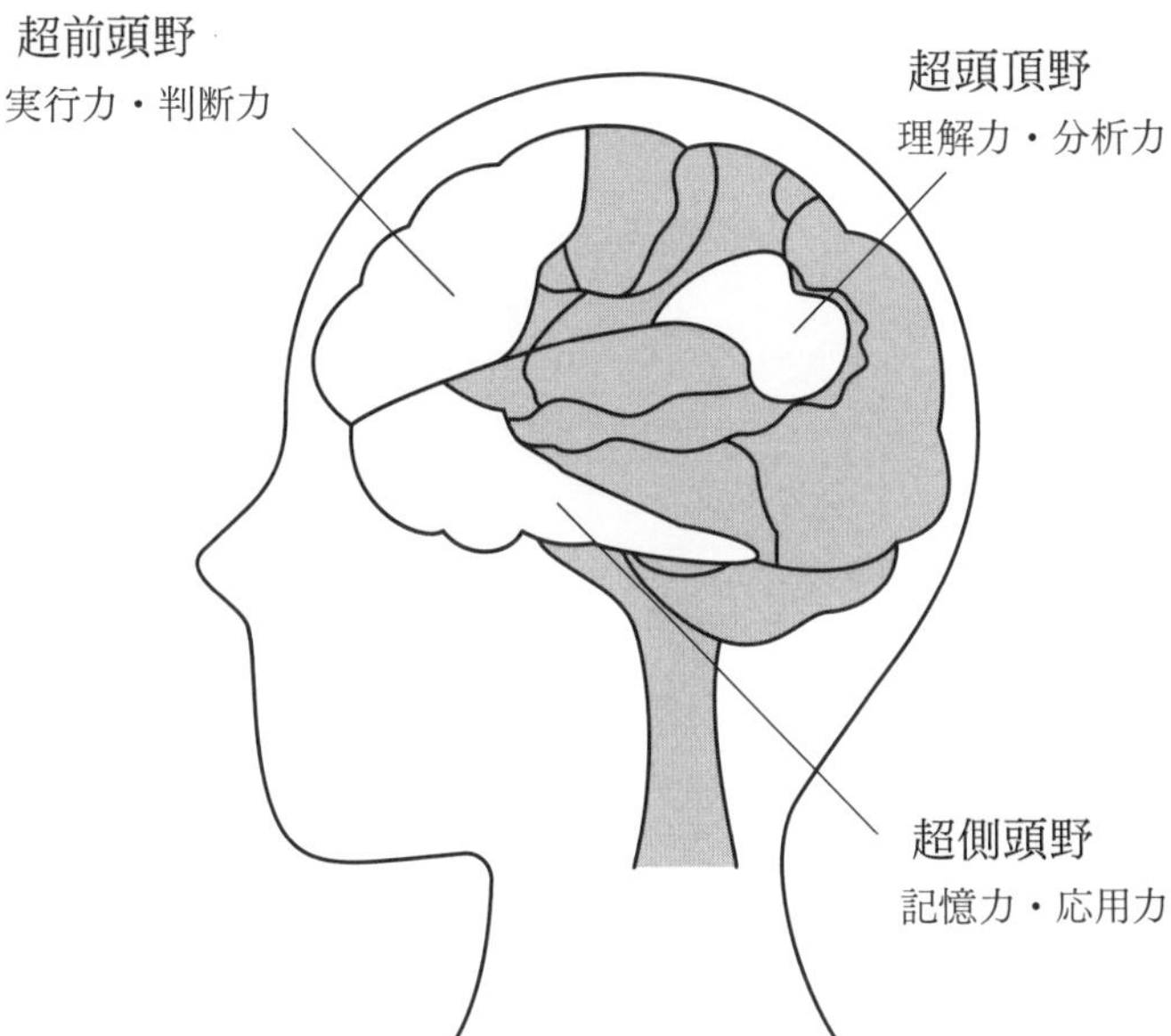

記憶力の低下は加齢と無関係

物覚えの悪さは、加齢の問題ではありません。

記憶力が悪くなったのは、「物覚えが悪くなってきた」と勝手に思い込み、脳の伸び代を自分で否定しているから。あるいは、毎日同じ生活を繰り返すうちに、脳がマンネリ化して好奇心や興味・関心が薄れ、記憶しようという意識が低下したからにすぎません。

脳に蓄えられる記憶というのは、短期記憶と長期記憶で構成されています。インプットされた情報は「海馬」というタツノオトシゴに似た器官に入り、短期記憶か長期記憶に仕分けられます。海馬が重要だと判断して長期記憶に振り分けられる情報は、繰り返し触れられたものだけです。

一気に頭に入れようと努力するよりも、コツコツ毎日続けて勉強したほうが

大人の記憶定着には効率がいいのは明らかでしょう。

言葉を聞いただけで覚えてしまうような丸暗記は、幼少期の脳のほうが適しています。子どもは聴覚系脳番地から記憶系脳番地へのルートが強いため、意味がわからなくてもとりあえず聞いたものを覚え、後から理解しようとするからです。しかし、大人になると、記憶するための脳の仕組みが変化します。聴覚系脳番地から記憶しようとするよりも、理解系脳番地から記憶する力のほうが強まります。

つまり、理解することで、記憶できるようになるのです。これは脳の衰えではなく、むしろ成長。昔は記憶するのが難しかったような複雑な事柄まで深く理解すれば、覚えることができるようになったといえます。

そのため読書するにしても、たくさんの本を読む「多読」よりも、1冊の本を何度も読む「精読」のほうが理解が深まるのでおすすめです。

脳はお金で成長しない

成功の基準や目標を、お金、肩書き、出世などに設定しても、脳の成長は持続しません。これらは他人との比較や世間の評価基準を前提にしたもので、脳を一時的に喜ばせても、長続きはせず、いずれ不安にさせる要因にもなりえます。

若い頃に高学歴や役職を目指して人生の大半の時間を捧げると、いつか思うのです。本当の自分って一体なんなのだろう……。長年会社勤めをして幸せそうに過ごしていた人が、退職した途端に老け込むというのはよくある話です。

そもそも脳の仕組みは共通でも、各々の経験を経るため、同じ思考回路の脳は一つとしてありません。それなのに、みんなと全く同じ人生を歩めというほうが無理なのです。

しかし、日本の伝統的な会社の多くは新卒一括採用をし、年功序列で終身雇用を約束します。役職がつくと管理する立場となり、現場でプレーヤーとして新しい経験をする機会はどんどん少なくなっていくでしょう。ルーティンワークやトラブルの少ないビジネスシーンが増え、新規の情報やアイデアを使う必要がない場面が毎日積み重なり、記憶系脳番地も退化していきます。**ＪＴＣ（日本の伝統的な企業）の仕組みが、脳を退化させる仕組みになってしまっているといってもいいでしょう。**

一流の人は他者の評価に流されず、自分自身で理想を描き、自己実現に向かって進んでいきます。一流の脳は、自分の脳が何を喜び、何を不安に思うかを把握できています。社会が敷いたレールの上を進んでも、幸せが待っていると は限りません。他者と同じであることを、私たちの脳は求めていないからです。

脳にとって、特に超脳野のご褒美となるのは、新しい経験、新しい発見、新しい感情です。超側頭野で新しい情報を知り、超頭頂野で新しい知識を理解し、超前頭野で新しい体験を選択する。人類が進化し勝ち取った超脳野を存分に生かすことが、脳が幸せになるための第一歩となります。

3章

最大成果を上げる1日の予定管理

やり抜く人は
「ここ」が違う！

運動と睡眠の
先行投資で
脳が覚醒

一流はシンプルに行動する

1日は24時間しかありません。睡眠時間を考えると、しっかり起きているのは大体15時間。「やらなきゃ」と思い続けて、気づけばあっという間に夜になったという人もいませんか？　そして、翌日もまた同じような1日に。

一流の人たちを見ると、皆さんシンプルに行動しています。計画したことを、淡々とやり続けることができています。好奇心旺盛でいろんなものに興味を持っても、すぐ取捨選択し、やるべきことを選び取る力を持ち合わせている。つまり、自分の行動に迷いがなく、実行力が高いです。

行動を始める前にグズグズしたり、面倒だと思ったりするのは、脳が準備不足だからです。やる気がなく、すぐに動けないと感じている人でも、すべての場面でそうだというわけではないでしょう。得意なことや好きなこと、日常的に繰り返している習慣などで、すぐに行動できるものもあるはずです。

使うべき脳番地の準備が整っていないから、すぐに行動するのが難しいのです。行動するときに軸となって働く脳番地は、運動系脳番地です。運動系脳番地が他の脳番地に「行動せよ」と働きかけます。まずは、普段から身体を動かすなど意識的に運動系脳番地を使い、鍛えておくことが大切です。脳番地同士のネットワークは、使えば使うほど強化され、物理的にも太くなっていきます。

身体をあまり動かしていない人は、行動する前から「疲れそう」「面倒くさそう」という気持ちが先行してしまいがち。やる気がなくても、片足立ち、腕を回す、屈伸をするなど少しでいいので身体を動かしてみてください。深く考えなくても、ただ身体を動かしているだけで、自然と意欲が湧いてくるはずです。

ただし、「面倒くさそう」などとマイナスの感情を抱えたまま、何かを始めることはできる限り避けてください。負の感情は脳のブレーキになります。

理想の1日 vs. ダメな1日

日中の時間管理と睡眠のとり方で、1日のパフォーマンスの高さは大きく変わります。仕事をスタートさせる朝の時間、通勤中や帰宅前の過ごし方など、脳にとって理想的な1日を過ごすためのポイントを次ページで紹介します。仕事が捗るのは午前中です。そのために、朝は出かける前に10分程度、バッグの整理をしたり、軽くストレッチをしてみましょう。

日中は、会議や商談などの終了時刻を決めると、脳をフル回転させられます。夜遅くにする残業にクオリティを期待するのは無駄なので、タスクのデッドラインを上手に設けながらメリハリをつけましょう。

ワークスタイルに取り入れやすい、8つの脳番地をまんべんなく鍛えられるポイントを84ページからまとめています。

ダメな1日／理想の1日

BAD		GOOD	
6:00		6:00	
7:00		7:00	始業の2時間前に起床（シャワーや運動）
8:00	命がけの出勤・電車でのウトウト 会社に辿り着くことがゴール	8:00	通勤中、始業前に 10分のプチ勉
9:00	始業	9:00	始業
10:00		10:00	
11:00		11:00	
12:00		12:00	
13:00	ランチ	13:00	ランチ後に10分プチ勉
14:00	眠気との闘い	14:00	眠気なし
15:00		15:00	
16:00		16:00	
17:00		17:00	
18:00		18:00	
19:00		19:00	帰宅・夕食前に10分プチ勉
20:00	帰宅・お酒と夕食	20:00	スマホは20時まで
21:00	スマホやネトフリなど	21:00	お風呂
22:00	↓	22:00	翌日のプチ勉の資料を用意するなど
23:00	↓	23:00	8〜9時間睡眠
0:00	シャワーだけ	0:00	↓
1:00	気づいたら寝ている	1:00	↓
2:00	↓	2:00	↓

①1日3回、10分ずつのプチ勉

週末にまとめて勉強時間を確保するより、毎日1日3回、10分コツコツ勉強するほうが学習効果は高まります。前日に、翌日の勉強資料を用意しておくのもおすすめ。毎日情報を送り続ければ脳が重要だと判断し、学んだことが記憶に残りやすくなります。ベストなタイミングは、通勤中、昼食後、夕食前です。

②タスクの制限時間を設定する

脳は、制限時間を設けたほうがうまく働いてくれます。限られた時間の中で頭がフル回転し、抜群の集中力を発揮します。脳の集中力が持続しやすい20、30分程度を目安に、やるべきことには制限時間を設定してみてください。

③メールチェックの時間を設定する

メールチェックは基本的に午前中に30分で終わらせる、20時以降は返信しないなど、対応する時間を決めておいたほうが脳にストレスを与えづらいです。特に夜にメールを確認し、明日にならなければ対処のしようがない内容だった場合、モヤモヤしたまま一夜を過ごすことにもなりかねません。睡眠や日中のパフォーマンスにも影響するので、予《あらかじ》めメールを返す時間を1日の中で設定しておきましょう。

④始業2時間前に起きる

記憶系脳番地のトレーニング法でも紹介しましたが、決まった時間に寝て、決まった時間に起きることは大切です。毎日起床と就寝の時間がバラバラだと、脳がいつ活動すればいいのかわからなくなってしまいます。始業の2時間〜2時間30分前には起床し、脳が覚醒する時間を設けられると、無理することなく日中を過ごせます。朝から簡単に行える脳のストレッチとしては、利き手と違う手での歯磨きをおすすめします。

最強のToDoリスト作成法

やるべきことを可視化すると、視覚系脳番地が思考系脳番地をサポートします。ToDoリストはカレンダーや手帳などに手書きしても、スマホやパソコンにメモしてもいいです。その日やるべきことを書き込み、チェックするだけでなく、以下のことを意識し作成してください。

①昨日と今日を比較する

昨日できなかったことを今日経験したと記憶することは、超脳野を刺激します。その日に理解できなかったことや課題などを、明日のToDoリストに書き留めておくのもおすすめです。新しい気づきや経験といった報酬があるほど脳は活発に働き、成長していきます。

②振り返りが自己発見を促す

ＴｏＤｏリストに、何を学んだのか、どう感じたのかを記すようにしましょう。手書きすれば、運動系脳番地を刺激できるだけでなく、振り返る＝思い出すことなので、記憶力アップにも繋がります。今日ひらめいたことや思いつきなども振り返りとして記録しておくとよいです。レオナルド・ダ・ヴィンチやエジソンも相当なメモ魔で知られていますが、過去の自分に教わることはたくさんあります。

③優先順位をつける

優先順位をつけるときは好きな事柄を優先すると、脳のやる気スイッチがＯＮになりやすいです。自分の好きなことに脳は一番反応します。

脳科学的にベストな休み方

脳を休めないと、いい成果は生まれません。「使ったら、休める」というメリハリが、脳を常にいいコンディションに保ちます。

1日中、家から出ずにスマホを見てダラダラ過ごすという休息の仕方は、脳科学の視点からいうと一番おすすめしません。

脳を意識して休ませるための基本を3点、お伝えしていきましょう。

①睡眠は生産性向上のための先行投資

多忙だからといって睡眠を削って根性でなんとか乗り越える、なんていうのは無駄な努力です。深夜に行動しても、脳の働きは落ちているので非効率です。

老若男女、誰しも8時間睡眠を心がけてください。少なくとも1ヶ月の平均睡眠時間は7時間半〜8時間以上確保しなければなりません。

脳の老廃物を排出し、記憶を定着させ、ホルモンバランスを整えるなど、睡眠の働きは計り知れません。眠りが8時間に満たないと、日中のパフォーマンスを上げるために必要以上にエネルギーを使うので、疲れやすくなります。日々、脳を激しく使うビジネスパーソンなら9時間近くの睡眠も必要になるでしょう。起床と就寝の時刻は一定にし、脳がいつ覚醒していればいいかがわかるようにしてください。

太陽が昇るときに起きて、暗くなったら眠る生活リズムでなければ、脳が混乱し、ストレスを感じます。午後に眠気を感じずに、日中に高いレベルの覚醒状態と活動量に持っていけるよう、脳を良いコンディションに保つことが、脳にとっての幸せです。規則正しく睡眠をとり脳のリズムを整えるだけで、人間は幸せを感じるようにできています。

そして睡眠中に、いびきをかく人は、要注意！　脳に酸素が行き渡らなくなり、眠りも浅くなります。

②休日とWORKDAYはメリハリを

休日に家でずっとゴロゴロするのは、一見休まっているようで、脳は全く休めていません。もし、休みの日に身体が動かないほど疲れているとしたら、それは平日の過ごし方に問題があります。

休日に体力や気力が残るよう平日の過ごし方をコントロールしていけば、脳を効果的に休めることができ、平日のパフォーマンスも上がるという好循環が生まれます。

休日に、たまっていた家事を片づけたり、散歩コースのルートを変えてみたり、積読《つんどく》本を1冊だけ読んでみたりするだけでも、十分新しい行動です。

頑張るためには緩急が大切なので、休みの日には仕事のことは忘れて、普段よくいる場所とは違う環境にできるだけ身を置いてみてください。

環境の変化は、脳に新しい刺激を与えます。目線を動かしながら非日常の風景を眺めて、視覚系脳番地を育てましょう。

③体型管理

体型管理がうまくできないという人は、自分自身に対する脳の認識が鈍感になっている可能性があります。脳の感度が鈍り、体調や環境の変化に気づけず、過食、運動不足、睡眠不足のいずれかに陥っている場合がほとんどです。

肥満やメタボリックシンドロームなどの代謝異常が起きると、記憶力や前頭葉の働きは低下し、判断力・注意力・実行力に影響するといわれています。体型管理に気を配ることは、自己認知機能を上げることに繋がります。

毎朝、素っ裸で体重を計り、体重と睡眠時間を記録することで、前日の食事の摂取状況、排便、排尿の振り返りがしやすくなるでしょう。

一番エネルギーを使うのは動き出すとき

脳が楽しいと思えるのは、複数の脳番地が連携してうまく働いているときです。脳番地がうまく働くと、その時間がもっと長く続いてほしいと、脳は感じます。苦手な分野や気が進まない案件に取り組むときは、楽しく感じられる要素を探して意識すれば、モチベーション高く行動できます。

脳は動き出すときに一番エネルギーを費やします。そのため、**最初の行動はできるだけハードルが低く、好きなことや楽しいと感じることのほうがよいでしょう。**あとはとにかく、前向きに行動してみることです。「やるべき(should)」仕事というより、私が「したい(want)」仕事だと意識を変えれば、脳がハイレベルな思考状態をキープしてくれます。「最初の一歩」を踏み出してみると、案外その後は楽に行動できるはずです。

左脳の前頭葉が自己肯定感をつくる

今日こそ頑張りたいのに、どうしてもやる気が出なかったり、集中できなかったりする日もあるでしょう。ただ、一流の人たちに共通するのは、その日のモチベーションやコンディションに左右されない点です。

左脳の前頭葉（思考系脳番地）は、自己肯定感の形成を促す場所です。自己肯定感は過去の体験と記憶から生まれるもので、ポジティブな記憶が多ければ自己肯定感は高く、ネガティブな記憶ばかりだと自己肯定感は低くなりやすいです。

自己肯定感が高い人は、右脳の前頭葉も活発に働きます。**やる気と集中力は、右脳の前頭葉の働きに大きく関わります。**そのため、自己肯定感が低い人は、やる気と集中力、どちらも出づらくなります。

やる気と集中は違う状態

やる気と集中は、同じように思えるかもしれませんが、実は異なるものです。やる気というのは、目的に対して進んで向かうことができる、モチベーションが高い状態を指します。好きなことに取り組むときはやる気が出やすく、脳が「働きたい」と自ら進んで行動します。

好きなことに取り組むときはやる気が出やすい一方で、苦手意識のある作業だと、脳はやる気を出しにくくなります。そうしたときは、作業を細かく分解してみてください。一つ一つの工程を見てみると、意外と嫌いな作業ばかりではないことに気づくはずです。

できることや好きなことから手をつけることで、次第にモチベーションが上がります。苦手なことは脳の働きが遅くなるので、ゆっくりと作業を進めてください。そうすると、苦手な作業に対してもやる気がある状態をつくり出すことができます。

集中というのは、目の前の作業に没頭することを指します。これは言い換えると、脳番地が、目的を遂行するために最適化されて働く準備が整った状態です。行動するときに軸となる脳番地は運動系脳番地ですから、集中力を持続させるためには運動が効果的です。思考系脳番地が意思決定した後に、運動系脳番地と連携して行動します。やり抜く以前に先延ばし癖があって、すぐに行動にうつせない人は、左脳の思考系脳番地が弱いです。

皆さんにおすすめしたいのは、1週間に一度など、まとめて運動するよりも、少しの時間でよいので毎日身体を動かすことです。脳は間隔が空くと、すぐに元に戻ってしまいます。**一度のトレーニングでたくさん頑張るよりも、間隔を空けずに継続するほうが効果的です。**身体を定期的に動かすことで、集中力を発揮しやすい状態を維持できます。

4章

最強のメンタルを築く時短思考法

やり抜く人は「ここ」が違う!

承認欲求で
脳を酸素不足
にしない

本番で最大の成果を発揮するために

世界で活躍するアスリートや芸術家は皆、ここぞという本番には必ず実力を発揮します。なぜ、一流はここ一番のチャンスに強いのでしょうか。プレッシャーをエネルギーに変える、安定したメンタルを持っているからです。

このメンタルを左右するのも、実は脳です。

メンタルは心の問題だと思っている方も多いですが、メンタルを弱らせる最大の要因は「認知のゆがみ」です。認知のゆがみとはその人が持っている偏見や先入観によって、物事を正しく認識できないこと。認知バイアスともいいます（詳細は『思考のクセがわかる！　脳のメカニズムについて加藤俊徳先生に聞いてみた』［Gakkenn］を参照してください）。

認知バイアスは、個人の脳の発達や成長によるものです。私はこれを「脳発達（成長）スペクトラム」と名づけましたが、人は経験によって認知のゆがみを引き起こします。

この認知のゆがみは思考の癖＝脳の癖で、ＭＲＩ画像を見ればはっきりします。人は多少なりとも認知のゆがみを持っていますが、この認知のゆがみを改善せずに一流になっている人はいません。

認知のゆがみが、ここ一番という時に強く出ると、失敗するかもしれないとマイナス思考になったり、自分を必要以上に過小評価したりしてしまいます。「本番の前日、緊張して眠れなくてうまくいかなかった」「結果は出せなかったけれど、やり切ったので思い残すことはない」と自分を納得させてしまうのは、脳科学的視点からは、一流になることを捨てていることだと思います。そういった心理状況に陥るのは脳番地の働き方のバランスが崩れている結果なので、「無駄に脳を使わないこと」を最優先にしてください。お風呂に入って筋肉をゆるめたり、マッサージを受けたりして脳を休めましょう。

夜にくよくよ悩んでいるのは、脳が休みたいというサインなのです！

メンタルを左右する思考系脳番地

大事な局面で成功するメンタルを保つために大切な意志の強さは、思考系脳番地の枝ぶりに反映されています。

企業のトップに立つ経営者やプロ棋士の脳画像をＭＲＩで見ると、思考系脳番地が真っ黒です。これは思考系脳番地が非常に発達した状態です。前頭葉の先端部分にある脳の発達具合を示す思考系脳番地が発達していると、判断がスピーディにでき、物事の捉え方がポジティブになります。裏を返せば、ネガティブな考え方を捨てる力が強まるということです。

ネガティブな思考は、脳の働きを抑制します。脳が働かない状態を極力減らせるのが、一流の脳です。

思考系脳番地が発達している人は、自分の意志や主張を貫くための智慧《ちえ》を働かせやすいのが特徴です。さらに感情や自己肯定感にも影響する脳番地なので、正しい取捨選択で、望む未来を手繰《たぐ》り寄せる力を与えてくれます。

一方で、**思考系脳番地が未熟な人は、愚痴をこぼしがちで、鬱っぽく物事を悲観的に捉える傾向が強くなります。**思考系脳番地と感情系脳番地は隣り合わせになっているため、感情が思考に影響を与えやすいのです。

思考系脳番地が弱いままだと、いつまでも他者からの評価に左右されやすく、無駄な不安に苛まれ、行動する前から「大丈夫かな」「失敗したらどうしよう」と心配し、一歩を踏み出すのが遅れます。これではチャンスが到来しても、決断が鈍ってしまい時間の無駄。一流の脳は判断が非常にシンプルで、合理的です。失敗したとしても、立ち直りと切り替えが早いです。

それはなぜか？　脳が余計なことを選択しない仕組みを築いているからです。思考系脳番地が強ければ、卓越した自己認知と自己肯定力を身につけられます。メンタルが強いのではなく、脳を訓練して、勝負所で強い脳の仕組みを構築しているだけなのです。

ひとり言で思考のスイッチON

目標達成のために必要なアクション、やるべき課題を決定するのも、思考系脳番地です。さらに、理解系脳番地と連携して情報分析をして、自分自身を正しく認知するためにも、思考系脳番地を強化する必要があります。

つらい経験をしたとしても、前向きに捉えるだけで、思考系脳番地に新しい回路が生まれます。1章でご紹介した思考系脳番地のトレーニング法に加えて、自分自身の考えに向き合うことでポジティブな思考を繰り返すようにしましょう。

MRIで脳画像を見て、脳の使い方や思考のクセは手に取るようにわかっても、その人の思考の中身まではわかりません。自分が何を考えているか、何を感じているかがよくわからないという方は、そのほとんどの場合、思考系脳番地が使えていません。この状態では**自己認知が鈍感になっているため、ますますメンタルは弱まっていきます。**

まずは自分の意見や感情を口に出して言語化したり、文字に書いて可視化したりすることでアウトプットの訓練をしてみてください。言語化を前提にすると、情報や状況のインプットを大雑把ではなく、高い解像度でするはずです。前のめりで見たり、聞いたりするだけで、知的活動の質は変わります。

また、ひとり言を何気なく呟いていると気づいたら、「なぜ、そのひとり言が出てきたのだろうか」と自分に問いかけてみてください。無意識に出た言葉をきっかけに、自分で思考開始のスイッチを入れられます。

普段から自分の感情や思考の背景まで深掘りする習慣がある人ほど、周囲の評価や世間の基準に依存せず、自分が下す判断を最後まで信じられるようになります。

自己感覚時間を鍛える

一流のビジネスパーソンたちを近くで見ていると、常にトライアル&エラーを重ねながら、自己研鑽に励んでいます。これは、本人の志が高いからでしょうか。それは、違います。今よりも高みを目指さなければ、現状維持に留まれば、脳がマンネリ化して、今できていることもできなくなるからです。要するに、新たな目標設定をして高みを目指し続けなければ、脳は現時点のクオリティすら保てなくなるのです。

あなたの目標に向けて努力をやり抜くのは、あなたの脳しかありません。「私の脳はダメな脳」だなんて自分の脳を否定していると、いつまで経っても自己認知能力は高まらず、メンタルは強くなりません。

脳を信じて自己認知能力が高まれば、自身の興味や好奇心の対象もはっきりしてくるでしょう。自分の価値観や趣味に合うものを脳への報酬にして目標を立てられれば、達成へのスピードは速まります。

人にやらされているような感覚のものと、自分がやりたいと思うものとでは、「自己感覚時間」が異なります。自己感覚時間とは、実際の時間経過ではなく、本人が体感する時間の長さです。

休日をつくらず働いていると1週間が9日間もあるように錯覚したり、逆に楽しい旅行先での時間はあっという間に過ぎていったりするように感じませんか。人は自分の過ごした時間を長くも短くも、また、無意味にも有意義にも感じます。

やらされ仕事やうわべだけの付き合いで埋める予定は、自己感覚時間が長くなります。好きなカフェを巡りながら勉強したり、好きな海外映画を観たりして、時間のオン・オフを意識するように過ごすと、時間のインターバルタイミングが鍛えられます。

脳の働きは時間感覚を変える

時間感覚と脳の関係性については研究が進んでおり、自閉症スペクトラム障害では、しばしば、時間を認知することが困難だと指摘されてきました。また、アルツハイマー型認知症患者は、記憶系脳番地の海馬の萎縮が進むことで、日時がわからなくなる時間の見当識障害の症状が見られます。

この「自己感覚時間」のゆらぎは、ＡＤＨＤ（注意欠陥・多動性障害）傾向のある人にも顕著に見られます。動機づけされていないことや興味の湧かないことには無関心ですが、スイッチが入れば何時間でも集中します。

また、ドーパミン不足になりがちなＡＤＨＤの患者さんに薬物療法を行うと、その人が苦手なことや点数の低い科目でも、**途端に「自己感覚時間」が短く感**

じられて集中します。このほか、小脳や大脳基底核と時間感覚を結びつける研究論文も発表されています。

つまり自分で認知する時間が、脳の働きと密接に関係しているのです。

限られた時間内での生産性を高めるには、自己感覚時間を短くすることが必須です。時間の認識には、時間の見当識だけでなく、時間の長短に対するインターバルへの感受性やワーキングメモリ（作業記憶）、長期記憶も関係しています。（注1）

多忙な毎日を過ごしていると、スケジュールに追いかけられている感覚になるかもしれませんが、自分自身で時間を管理する意識が自己肯定感や自己効力感を向上させます。

自己感覚時間が短くなる練習

脳の活性度次第で時間の感覚が変わるので、自分がどんな状況なら脳の働きが増して、自己感覚時間が短くなるかを知っておく必要があります。

時間感覚を把握するためには、簡単な日記をつけることをおすすめします。どの時間に何をしたか、さらには体重、1日の歩数、毎日の睡眠時間を記録するといいでしょう。これらの連続したデータを眺めれば、時間の推移と心身の変化を数字として認知できます。

自己感覚時間という指標を使って、有意義な時間の過ごし方をするために私が心がけているのは、**今やっている仕事が終わったら何をして楽しむか、事前に「報酬」を決めることです。**そうすれば、今やっていることの自己感覚時間が短くなりますし、次にやる仕事や余暇も前向きに捉えられるからです。

憧れは自己成長のきっかけ

嫉妬も怒りも、脳を酸素不足にします。ネガティブな感情が入り込むスキがないよう作業時間を区切り、やるべきタスクに打ち込みましょう。

一方で、憧れの感情はすごく大事です。憧れと嫉妬はよく混同されますが、全く異なります。嫉妬は相手を下にしようという考えからくる感情ですが、憧れは自分が上に行きたいという思いや学びたい好奇心から生まれます。対象は必ずしも、**同時代で生きている人だけでなく、歴史上の偉人でもいいのです。**「あの人ならこの場面でどうするだろうか」「この場合、どちらを選択するだろうか」という具体的な思考方法で、憧れの人を参照してみましょう。

このように想定すれば、脳の自律性が高まりより良い選択肢に辿り着きます。

過去の失敗と未来のリスクは脳には別物

「過去の失敗」と「未来のリスク」は分けて考えるべきです。

過去と未来を考えることは、全く違った脳の使い方なのです。

一流脳は、この切り分けがうまくできています。

過去の失敗を考えることは、過去を思い出すことです。一方、将来について考えることは、思い出すことではなく、目標を達成するために必要なことを集める準備をすることです。

大谷翔平選手だって、最初から二刀流を実現できていたわけではありません。今の自分にできなくても、成長しさえすれば大丈夫と未来の自分を信じて、努力を続けられたのです。

人生において成功体験のおかげで自信が育まれ、自分の強みが磨かれてチャレンジができるのは当然のこと。それに加えて一流の人は、失敗がプレミアムな機会、将来へのアドバンテージだと知っています。

過去のマイナスな体験に縛られた判断は大間違い。失敗や挫折への恐怖心が高まると、左脳の感情系脳番地が働かず、自己認識や自己感情が弱まります。

過去の自分ができなかっただけで、今の自分にできないとは限りません。また、今失敗したからといって、未来の自分も失敗するというわけではないのです。失敗したというのは成功するために必要な要素が判明する貴重な経験です。

失敗した経験と将来のリスクを一緒にして悩みがちな人は、自身が歩んできた歴史と、未知の自分にどのように期待して準備するかの2つを具体的に「見える化」してみましょう。

一見、「失敗」のように思える経験を成長へのデータベースとして使いこなすのが脳の役割です。

脳を活性化する有効なレビュー法

記憶を司るのは、海馬です。海馬には、新しい情報をインプットする使い方と、古い情報を呼び出して再生する使い方の、大きく分けて2つのパターンがあります。生きていれば記憶は蓄積されていきますから、海馬が古い情報を呼び出して再生しようとする使い方が増え、過去に目が向きやすくなります。

1章の自己認知のところでも述べましたが、早いうちに過去をしっかり振り返り、経験として解釈し直す行為を始めなければなりません(P.45参照)。

過去を振り返る行為というのは自分自身にしかできません。いくら他人が助けようと思っても不可能です。あなたの脳をつくってきた、宝物ともいえる脳の蓄積を見返す行為そのものが、貴重な経験となっていくのです。

しかし、振り返りたくない過去のエピソードが夢に出てきたり、折に触れて無駄に思い出されたりすることがあります。**この無意識な思い出しで、脳の時間は無駄に使われてしまうのです。**

私たちが1日に使える時間には限りがあります。日中の脳の働きを鈍らせないために、有効な思い出しをするようにしましょう。そのためには、「今の自分に足りないスキルをこれから準備するために、過去の自分に足りなかったパーツを見つける」という明確な指標が有効です。

過去を振り返るときに投げかける質問例

仕事ができなかった頃から一番成長したポイントは何？

一方、変わっていないことは何？

それは、何かアプローチしたにもかかわらず変わっていないのか？

それともまだ何も努力していないからか？

自分のドキュメンタリーをつくるとなったとき、インタビューしてもらいたい人を5人挙げるとするなら？

過去に自分が参考にしていた人は今でも参考になるのか？

一流は嫉妬せず、怒らない

嫉妬は、自分にない能力や魅力を感じる相手に対して抱く感情です。相手と比べて自分の価値が低いと認めたくないがゆえに、相手を自分よりも下に引きずりおろして安心感を得たいという思いから生まれます。つまり、嫉妬するというのは、他者と比較をしているということ。自己肯定感の低さの表れです。

脳を嫉妬に使う時間は実りがありません。一流脳は、時間の無駄を嫌うのです。嫉妬と同じく、怒りにも時間を割きません。

感情系脳番地が鍛えられていれば、嫉妬や怒りが湧き起こっても、行動を起こすことがないのです。感情をコントロールできることが、一流脳になる条件です。感情をコントロールできない時間をより短くすることで脳の時間の無駄をなくせるからです。

怒りとは、思い通りにならなかったり意見が対立したり、自分を否定されたと感じることでも生まれます。つまり、怒りも他者との比較で生まれ、自分を承認してほしいという願望を表現しています。一流脳では、他人に承認を求める時間があれば、自分で自分を的確に評価してさらに自分を成長させることのほうが優先されます。

自分を差し置いて、人に承認を求めている時間は無駄です。自己肯定感が高い人は、たとえ他者から自分を否定されても怒りに直結しません。自分の解釈で物事を判断できるので、人の行動に感情を左右されることが少ないのです。

怒っている状態を「頭に血が上る」と表現しますが、これは本当の話。実際に、**怒ると脳の血流が過剰に上がり、酸素を不必要に供給しようとします。**いわば酸素の無駄づかいで、それによって脳に酸素が足りなくなると、脳は適切に判断できなくなります。

また、脳に酸素が足りなくなると、飽きっぽくなったり、集中力が続かなかったり、物事への持続力がなくなったりします。非効率な脳の使い方になるため、疲れやすくなります。

嫉妬と怒りは、脳が酸素不足になり思考停止時間を生みます。

脳は自分よりも知っている

一流と呼ばれるのは、数々の試練を乗り越えてきた人がほとんどです。

試練と向き合うときには、つらいことや苦しいことがたくさんあると思います。ときには逃げ出したくなってしまうかもしれません。

でも、そう思う「心」や「感情」というのは、脳のほんの一部にすぎません。脳全体は心以上に、たくさんの情報を抱え処理しています。心が「つらいから逃げ出したい」と思っていても、脳全体は「これは試練で、成長するために乗り越えるべきだ」と認識しているもの。**あくまで心は脳の一部**ですから、心に従うのではなく、自分の脳ならできると信じて行動してください。

どんな試練が訪れても、自分が成長するきっかけだと捉え、脳を成長させるためのステップだと考えるのです。

「脳は自分よりも知っている」は、私の座右の銘です。誰でも自分自身の脳の中で行われる情報処理をすべて自覚して、認知、判断しているわけではありません。脳の情報処理のほとんどは、瞬時に無意識で行われています。だからこそ、試練の壁にぶつかったとき、**冷静な脳を信頼し、自分の心を疑ってみてください。**

もし余計な感情に飲み込まれそうになったときは、発達しすぎた感情系脳番地を休ませて、運動系脳番地を働かせる目的で、身体を動かしてみてください。脳番地の中でも一番速く最適化し、すぐに働かせることができるのが運動系脳番地だからです。

散歩する、筋トレをする、旅行をする。感情の悪循環が始まりそうになったら、日中よく過ごしている場所から離れて、運動系脳番地を刺激しながら脳を忙しくさせましょう。

見る・聞く・動くが悩みを消す

未発達の脳番地がマイナスの感情を生み出し、感情系脳番地がそれに連動して活動をし始め、その状態が持続すると、悩みへと変わっていきます。悩みから脱するには、悩みへの新しい理解、発見が必要です。そのためには、理解系脳番地の働きを活発にさせましょう。

余計な判断をせずに、目や耳、身体をとにかく動かしていると、見る力、聞く力、動く力が自然にアップします。そして、脳への情報インプット系の脳番地が成長していきます。インプットできる量も質も高まるので、理解系脳番地が情報を処理しやすくなっていきます。仕事ですぐにキャパオーバーになりやすい人、タスクの順番や案件の整理ができない人は、理解系脳番地の働きが弱いでしょう。

つらい感情や不安を抱く状態というのは、外からの新しい情報が不足しているケースがほとんどです。情報が足りないからどの脳番地を動かしていいのかわからず、脳はそのことがつらく、不安を感じているだけ。ですからシンプルにインプット系の脳番地を使い続けていれば、気持ちも脳も安定していきます。

脳機能のゆがみは、運動不足、睡眠不足、不十分で不規則な食事のいずれかからでも起こります。つらくて仕方がなく、アクションをとれない人は、まずは1週間平均8時間の睡眠をとり、1週間平均5㎞歩いてみてください。この2つが満たされれば、よく見える、よく聞こえる、よく動けるようになります。

努力の成果はすぐに出ないように、脳の変化もすぐには感じられないかもしれません。しかし正しい努力とは、1週間平均8時間の睡眠、1週間平均5㎞の歩行の上に成り立っているといっても過言ではありません。

一流の人は特別だといって、一流を目指さず諦めてしまうのは、勿体ない。脳は誰でも一流になれるようにできているのですから、そのことを信じて脳を成長させていきましょう。

5章

自分史上最高の脳をつくる時間戦術

やり抜く人は
「ここ」が違う!

運と個性は脳が成長して獲得する

脳をサボらせなければ老けない

脳には、一生かかっても使いきれないほどの潜在能力細胞があります。限られた時間を管理しながら、これらを刺激することで脳を成長させる技術をお話ししてきました。脳だけは他の臓器や器官とは違い、身体が滅びるまでずっと成長し続けます。

自分の仕事の領域や専門分野以外の脳番地が発達すると、脳のネットワークが強化され、脳全体の機能が向上します。いかに、その時間をつくるかが一流脳になるためのポイントです。

5章ではまとめとして、「自分の脳はこの程度じゃない」と叱咤しながら、死ぬまで脳を鍛えてもらうための8つの習慣をお話ししていきます。

習慣1　睡眠が夜の脳番地トレーニングになる

脳は昼夜働き続けていますが、脳の昼の活動と夜の活動は、全く異なります。脳は昼に覚醒する一方で、夜は睡眠を十分とることで脳全体の調子を整えます。

睡眠の前半はノンレム睡眠です。**深く眠ることで、日中の老廃物の排泄と、その日経験したことを長期記憶に定着させます。**

睡眠の後半はレム睡眠です。夢を見るなど脳番地が広範囲に使われます。夢の中では前日に経験したことや長期記憶の影響を受けながら、ありえないような出来事が展開していきます。脳内で記憶された経験は、夢によってシャッフルされるからです。

レム睡眠の意義は、十分に解明されたわけではありませんが、脳の昼の活動の準備をしていると考えられています。夢を見ながら、いろいろな脳番地を使っていることが、脳が昼の活動をスムーズに行える要因といえます。

4章でも述べましたが、1日8時間の睡眠時間を目安に8つの脳番地をいつでも最大限に使える準備をすることは最優先事項です。

ベッドに入って20分以内で入眠できない場合、睡眠障害が疑われます。また、3分以内ですぐ寝落ちしてしまう人も要注意で、睡眠不足や閉塞性睡眠時無呼吸症の可能性もあります。このような症状もなくいつもは眠れるのに、今日は眠れないという場合、その日に何かイレギュラーな出来事が起こってはいませんか。

実はそれは、日中ショックな出来事があったり嫌な思いをしたりすると、眠ることでそれらが長期記憶に定着してしまうことを避けるために、日中の出来事を受け入れないよう生理的に脳が働いているからだと考えられています。

本来は朝、起きてから10〜20分でスッキリしたコンディションで行動を開始して、夕方まで眠気が起きないことが正常な姿です。早朝覚醒をしたり、日中に眠気が起こったりするのは、脳番地が自在に働く状態ではないのです。

習慣2　運動系脳番地は最優先で毎日鍛えよう

身体が動いているときは、筋肉以外にも目や耳で情報の処理をし、たくさんの脳番地を強制的に使います。**身体を動かさず、空腹にもならないような刺激とインプットが少ない状況は、脳の成長の観点からいうと望ましくありません。**

パソコンに向き合う時間が多いビジネスパーソンなら毎日の通勤以外にも、週に５㎞程度の散歩、軽めの筋肉トレーニングがおすすめです。短い時間で構わないので、腹筋、スクワット、腕立て伏せを各5回ほど行えば、脳への効果が見込めます。歩かず、座りっぱなしの姿勢を続けると、いずれ、思考力や学習能力が低下し、日々の楽しさすらも味わえなくなっていきます。

脳が必要としているのは、自分から動く自発性です。運動系脳番地が鍛えられると、行動の範囲が自然に広がります。自発的に行動することが、刺激と共存する脳の耐性を養います。

習慣3　運動系以外の7つの脳番地のターゲットを定める

筋肉トレーニングは、どこの筋肉を鍛えるかターゲットを決めて意識的に取り組むとよいとされています。上腕二頭筋を鍛えたいのか、背筋を鍛えたいのかによって、行うべきメニューは全く違うからです。

脳番地のトレーニングも同じように、漠然と脳に良いとされる行動をとるのではなく、自分がどの脳番地を鍛えたいのかを明確に意識することで効果が違います。

脳の神経細胞はイメージや意識に反応し、目標を実現するためにとるべき行動を身体に指示します。老化とともに神経細胞の数は減っていきますが、脳番地は使うことで活性化し、使っていないとすぐに劣化してしまいます。

まずは1章を参考に、あなたが伸ばしたいビジネススキルを決めて、ターゲットとする脳番地を定めてください。決断力をつけたければ思考系脳番地、プレゼン力を向上させたければ伝達系脳番地、というように、あなたの目的に合わせて鍛える脳番地を定めましょう。トレーニングとは、パワーアップとクールダウンを繰り返すことです。

ビジネスパーソンが鍛えるべき脳番地として、**あなたが新卒〜若手と呼ばれる層なら記憶系脳番地**を、**後輩の育成や成果を期待される中間管理職なら理解系脳番地**を、**経営や組織を改革する役割の上層部なら思考系脳番地**を意識的にトレーニングしましょう。

習慣4　どの脳番地も使える準備をしておく

一度も料理したことのない人が、突然フレンチのコース料理を作ることはほぼ不可能です。どんな場面でも力を発揮するには、そのための準備が必要です。

これは脳にも当てはまり、どの脳番地も使う準備ができて初めて、脳を思い通りに使いこなせます。人間は脳番地を単独で動かしているのではなく、複数の脳番地をネットワークで連携させながら活動しています。たとえばピアノを弾くときは、耳から音を聴く聴覚系脳番地だけでなく、手を動かす運動系脳番地も働かせます。

どれか一つだけの脳番地を頻繁に使えばよい、というわけではなく、複数の脳番地の連動性を高めて、どの脳番地も使える準備をしておくことが重要です。すぐ行動に移せる人と移せない人との違いは、脳番地の準備ができているか否かにあります。準備が整っている脳番地はすぐ使えますが、普段全く使っていない脳番地は使いづらく、それと連携する脳番地のパフォーマンスも低下していきます。あれが嫌だ、これは面倒くさい、と日常生活で脳に好き嫌いをつくってしまうと、使われない脳番地が増えていきます。

苦手なことにも「脳のために」挑戦する、やったことがないこともまずは「脳のために」取り組むといった癖をつけておくと、様々な脳番地を刺激でき、脳に柔軟性が生まれます。どの脳番地も使いこなせるようになると、実現力は自然と上がっていきます。

特に、やる気スイッチが入りにくい人は、運動系脳番地、思考系脳番地、伝達系脳番地が弱いと考えられます。行動はできても気分が乗らない、という人は、視覚系脳番地、理解系脳番地、聴覚系脳番地が使いこなせていません。継続が苦手な人は、記憶系脳番地、感情系脳番地の問題です。

習慣5　運を味方にする脳づくり

「一流の人は運がいい」とよくいわれます。トップアスリートが大舞台で勝つときにも、芸術家がインスピレーションに恵まれるときにも、運は必要となるでしょう。

運は天から降ってくるものだと考えている人も多いですが、運も脳の使い方次第でコントロールできる部分がかなりあります。どの環境や人を選ぶかは自分の脳次第です。

運がいい人というのは、チャンスを摑むのが上手な人。チャンスには合図や目印などはなく、「これはチャンスですよ」なんて誰にもわかりません。今、自分がどういう状況に置かれているかを正確に感じ取れて初めて、チャンスを摑めます。非言語の情報を読み取る感度が必要で、その役割を果たすのが理解系脳番地です。

運がいいとされる人は、理解系脳番地が活発に働きます。理解系脳番地にも左脳の理解系脳番地と右脳の理解系脳番地が存在し、左脳は情報を言語で理解し、右脳はイメージや感覚で摑み取ります。

チャンスを摑むときに大きな役割を担うのは、イメージを汲み取る右脳の理解系脳番地です。言語を理解する左脳の理解系脳番地だけでは、非言語の情報で溢れる周りの状況を把握することは難しいでしょう。言語化されていないたくさんの情報から必要となるものを分析することで、「これはチャンスだ」と察知するのです。

右脳の理解系脳番地を鍛えるには、普段から非言語の情報に触れるのがいいです。美術展や演劇を観に行ったり、クラシックの音楽を聴いたり、積極的に非言語の情報を見て、感じてください。

そして、「面白い」「やばい」「すごい」と大雑把に感じっぱなしにするのではなく、感じたこと、思ったことを「見える化」しましょう。家族や友達とシェアすることを前提に、言語化しましょう。

習慣6　言語理解能力と聴覚記憶を強化する

何度同じことを学んでも、覚えられないとか、記憶力が低下したなどと感じるのは、年齢のせいではありません。ピンポイントで成長させるべき脳番地さえわかっていれば、記憶力は確実にアップします。

記憶力に定評のある東大生の脳をMRI画像で見てみると、言語理解能力を担う脳番地が桁違いに発達しています。言語理解能力とは、言葉を見聞きする力と言葉の蓄積力が合わさったものです。

東大生の脳は、言語記憶に関係する左脳の超側頭野が特に発達しています。左脳の超側頭野は、言語情報を記憶する脳番地です。左脳の超側頭野が発達していると、覚えようと意識しなくても脳が乾いたスポンジが水を吸い込むように勝手に情報をため込んでくれます。

さらに、**優秀な成績を収めている東大生は聴覚記憶が優れていました。**聴覚は視覚よりも言語記憶に直結し、記憶の一時保管庫である脳の海馬にアクセスしやすいという特性があります。聴覚系脳番地は耳から入ってきた情報を理解し、記憶として蓄積させます。

ただし、耳から入ってきた情報が脳番地に伝わらないと、データはそのまま消え去ってしまいます。ポッドキャストで聴いたニュースを自分でも口に出してみたり、曲の歌詞を聴いたまま歌ってみたり、普段から聴覚系脳番地に情報をインプットし、アウトプットすることを意識しましょう。

習慣7　脳番地のバランスを整える

最近よく聞かれる「老害」という言葉は、高齢者が社会や文化に対して古い価値観や考え方を持ち、現代の価値観に逆行すると感じられる場合に使われます。老害と呼ばれる人は、過去に自分が経験してきたやり方を、時代が変わっても「正しい」と人に押しつけがちです。これは脳の更新が止まった人に、当てはまる現象です。老害といわれる人の脳は、脳番地がアンバランスになっているケースがほとんどです。

極端に使っている脳番地と、使われていない脳番地があると、脳のバランスは崩れていきます。たとえば理解系脳番地が極端に使われていないと、すぐイライラして短気な人という印象を与えます。運動系脳番地が休眠状態に入ると、落ち込みやすく不安になりやすいです。優柔不断で意見がコロコロと変わる流されやすい人は、伝達系脳番地が未発達な状態です。脳番地のバランスが整っていないと、人に好印象を与えられません。

同じ脳番地でも左脳と右脳の両方をバランス良く成長させておくことが大事です。**会うと穏やかなのに、メールやLINEなど文字情報で怒りを表す人は、左脳の伝達系脳番地が右脳の伝達系脳番地よりも使われていて、偏って発達していることが原因**だと考えられます。

老害といわれる人は、右脳の聴覚系脳番地が弱くなっていると考えられます。右脳の聴覚系脳番地が発達していないと、他人の話をじっくり聞きにくいばかりか、自分が聞きたいこと以外には興味を示さない傾向があります。自分の正しさを盲信し、他者の意見や情報を取り入れる姿勢ではないので、脳がアップグレードされるチャンスを失っています。いつまでも脳が過去の時代に取り残されているのです。

習慣8　脳の個性を愛《め》で、長期記憶にする

一流の人たちの脳をＭＲＩ画像で見ると、その道を極めるために必要となる、特定の脳番地を発達させ続けています。たとえば、アナウンサーのような話を聞くプロたちの脳は聴覚系脳番地が、漫画家は視覚系脳番地が著しく発達しています。一流の人は一つの脳番地に関わる長期記憶が多く蓄積され、ワーキングメモリを使って、いつでも引き出せる状態にあります。

脳を成長させる栄養素は、経験です。幸せや困難といった多種多様な経験という栄養素を吸収して、鍛え上げられるのが一流脳です。これまでのあなたの人生経験を記憶してきた今の脳は、世界に一つしかありません。オンリーワンで個性的な一流の人は、ずば抜けた力を発揮できるものです。

今のあなたの脳の成長段階ではできないこともあるかもしれませんが、未来の脳はつくり変えられます。大人が脳番地を意識して鍛えると約1年で脳に変化が起こることがわかっています。

未発達だった脳番地が成長していくと、性格・スキル・行動が変わります。

脳の仕組みと向き合い、改善する時間を設けられる人とそれが設けられない人の大きな差は、時間の経過とともに確実に表れてきます。

この本で語ってきた「一流脳」があれば、どんなときも自分を信じ、自己を正しく認識し、日々に納得して生きられるはずです。

おわりに　人生は一流脳に向かっている

10年ほど前に、「一流脳」のテーマで幻冬舎から書籍企画を提案されました。そこで私は、育ってきた環境である日本文化の中に一流脳を探す試みをした結果、『日本人が最強の脳をもっている』を2年ほどで書き上げました。

先日、この本を愛読してくださったアーティスティックスイミング選手の乾友紀子さんの感想が、専属コーチの井村雅代さん（一般社団法人井村アーティスティックスイミング代表理事）を介して届きました。

「競技力を向上させたいと練習に打ち込んでいた中でこの本と出会い、身体能力の中には脳の成長も大きく関わっているのだということを知りました。それと同時にまだまだ自分は進化できるのではないかと自信も湧きました」

と書かれていました。

乾さんが大学生の頃、私の講演を聞いて脳の仕組みを演技に生かすために質問をしてくださったことを思い出しました。

彼女は、小学校1年のときにアーティスティックスイミングを始め、2016年のリオオリンピックでは、デュエット、チームともに銅メダルを獲得。2022年の世界選手権では日本選手初となるソロテクニカル、ソロフリーで金メダルを獲得しました。2023年の世界選手権福岡大会では、ソロテクニカル、ソロフリーともに優勝し、2冠連覇を達成。

日本水泳界、世界のアーティスティックスイミング界における歴史的快挙で、一流脳の使い方を結果で示してくださいました。

あるインタビューで、最初は課されたメニューをこなすだけで精一杯でしたが、こんな演技がしたいとか、ここがうまくいかないという自分の希望や課題を具体的に井村先生に伝えられるようになってから、さらに思い描く演技ができるようになってきました、という趣旨のことを話されていました。

オリンピックのメダリストにとって自分との対話、コーチとの対話のレベルアップが必要なことを示しているエピソードだと思います。

先日、日本選手権１００回大会を記念したエキシビションで、昨年、現役を引退された乾さんの演技を観る機会があり、演技開始10秒ほどで、私は涙腺が崩壊するほどの感動を得ました。素人の私にもわかるほど、進化の姿が伝わってきたからです。

乾さんに限らず、人の人生は一流脳に向かっているのだと思います。人の経験はその人にしかわかりませんし、その経験の積み重ねが、脳をつくり上げていきます。

井村さんは、選手の心技体の中でも、「心の教育」を最も重視され、これまで多くのオリンピックのメダリストを育てられてきました。私は、40年以上に亘《わた》り、脳と心の仕組みを研究してきましたが、脳と心の成長によって、選手が脳と身体をコントロールできる仕組みがより強化されることは明白です。脳と心の成長を伴う、弛まぬ経験の積み重ねが一流脳には必要なのです。

生まれたばかりの赤ちゃんの脳は個性的かといわれると、まだまだまだです。20歳頃の大学生の脳は個性的かと問われても、まだまだ。しかし、20代でも世界的に成功しているアスリートもいれば、30代、40代でようやく芽が出始めるビジネスパーソンもいます。

脳が育つだけでなく、その育った脳を正しく意識できる心の成長は、幾重にも重ねた自分の経験を振り返ることから生まれます。人の脳が突出した個性を表し、その脳自体が一流になるには時間がかかるのです。

私自身を振り返ると、1991年、30歳でようやく一流への道しるべとして2つの脳科学技術を考案しました。1つは、赤ちゃんでも近赤外光を使って頭皮上から脳機能を定量化できるfNIRS（エフニルス）法です。

小児科医として、未熟児新生児医療に身を置いていた経験から、この分野に足りない脳の計測技術を補完することができました。これでハンドフリーの状態で、各脳番地の働きを追跡できるようになっています。

さらに、同年、MRIを使って脳内のネットワーク活動を可視化する技術を発表しました。1990年代に入るまでは、人の脳の働きを簡便に調べる脳科学技術がありませんでした。その後、この2つの脳科学技術を発展させるヒントを求めて、米国に渡りました。30年以上の歳月を経て、現在では、ｆＮＩＲＳ法で、ミリ秒単位の速さで脳の働きを頭皮上から定量できています。

また、脳から性格も診断できるＭＲＩ脳相診断法を確立して、加藤プラチナクリニックで日々診療に用いています。医学部に入学した20歳のときに夢見た「訪れた人を幸運にするクリニック」を、脳の原理を使って実現しています。

社会の進歩とともに、人々の生活様式も変わっていきますが、すべての人々が一流脳の使い方を手にするために、本書を役立てていただきたいと願います。

加藤プラチナクリニック院長

医学博士・脳内科医　加藤俊徳

２０２４年６月

【参考文献】
『MRI分析でわかった 東大脳になる勉強習慣』（加藤俊徳著／PHP研究所）
『ぐうたらな自分を変える教科書　やる気が出る脳』（加藤俊徳著／すばる舎）
『勝手に“やせ体質”に変わる！ ダイエット脳』（加藤俊徳著／Gakken）
『脳の名医が教える すごい自己肯定感』（加藤俊徳著／クロスメディア・パブリッシング）
『一度覚えたら絶対に忘れない脳になる最強の法則39』（加藤俊徳著／日本文芸社）
『「優しすぎて損ばかり」がなくなる感情脳の鍛え方』（加藤俊徳著／すばる舎）

注1 （P.107）
Casassus M, Poliakoff E, Gowen E, Poole D, Jones LA. Time perception and autistic spectrum condition: A systematic review. Autism Res. 2019 Oct;12(10):1440-1462. doi: 10.1002/aur.2170.
Fierro B, Palermo A, Puma A, Francolini M, Panetta ML, Daniele O, Brighina F. Role of the cerebellum in time perception: a TMS study in normal subjects. J Neurol Sci. 2007 Dec 15;263(1-2):107-12. doi: 10.1016/j.jns.2007.06.033.

取材・文　冨田ユウリ
ブックデザイン　小口翔平＋畑中茜＋稲吉宏紀（tobufune）
イラスト　サトウリョウタロウ
図版　岡部夏実（Isshiki）

著者プロフィール

加藤俊徳（かとう・としのり）
脳内科医、医学博士。加藤プラチナクリニック院長。株式会社脳の学校® 代表。昭和大学客員教授。
脳科学・MRI脳画像診断の専門家。脳番地トレーニング、脳活性助詞強調おんどく法の提唱者。14歳のときに「脳を鍛える方法」を求めて医学部への進学を決意。1991年に、現在、世界700ヶ所以上の施設で使われる脳活動計測fNIRS（エフニルス）法を発見。1995年から2001年まで米ミネソタ大学放射線科でアルツハイマー病やMRI脳画像の研究に従事。ADHD、コミュニケーション障害など発達障害と関係する「海馬回旋遅滞症」を発見。独自開発した加藤式MRI脳画像診断法（脳相診断）を用いて、小児から超高齢者まで1万人以上を診断・治療。脳の成長段階、脳番地の強み・弱みを診断し、薬だけに頼らない脳番地トレーニング処方を行う。『ADHDコンプレックスのための“脳番地トレーニング”』（大和出版）、『1万人の脳を見た名医が教える すごい左利き』（ダイヤモンド社）、『一生頭がよくなり続ける　もっとすごい脳の使い方』（サンマーク出版）など著書多数。著書・監修書累計300万部を突破。

加藤プラチナクリニック公式サイト　https://nobanchi.com/
脳の学校®　公式サイト　https://nonogakko.com/

一流脳
やり抜く人の時間術

2024年 7 月20日　第1刷発行

著者
加藤俊徳

発行人
見城 徹

編集人
石原正康

編集者
小川貴子

発行所
株式会社 幻冬舎
〒151-0051 東京都渋谷区千駄ヶ谷4-9-7
電話　03(5411)6211（編集）
　　　03(5411)6222（営業）
公式HP：https://www.gentosha.co.jp/

印刷・製本所　TOPPANクロレ株式会社

検印廃止

万一、落丁乱丁のある場合は送料小社負担でお取替致します。小社宛にお送り下さい。本書の一部あるいは全部を無断で複写複製することは、法律で認められた場合を除き、著作権の侵害となります。定価はカバーに表示してあります。

©TOSHINORI KATO, GENTOSHA 2024
Printed in Japan
ISBN978-4-344-04312-1 C0095

この本に関するご意見・ご感想は、
下記アンケートフォームからお寄せください。
https://www.gentosha.co.jp/e/